Le Messie, l'ânesse et l'ânon

L'entrée de Jésus à Jérusalem

Le Messie, l'ânesse et l'ânon

L'entrée de Jésus à Jérusalem (Mt 21,1-17)

Voyage au pays des Écritures

bayard

18, rue Barbès, 92128 Montrouge Cedex (France)
ISBN : 978-2-227-49931-7

Ouverture

J'ai cheminé longuement avec l'ânesse et l'ânon de Jésus à son entrée à Jérusalem. Ils devinrent pour moi compagnons d'une longue marche entreprise avec ces textes, pendant plusieurs années[1]. Deux questions m'habitaient. La plus profonde était liée pour moi à la fascination pour le visage de Jésus. Les mots pour le désigner, dans les Écritures et dans la foi des chrétiens, sont forts, en même temps qu'un peu énigmatiques : Fils de l'homme, Seigneur, Messie, Christ. J'ai travaillé ces termes pour les comprendre, à travers l'ensemble de la Bible, puisque c'est d'abord dans les Écritures anciennes, dans l'Ancien Testament, qu'on les entend ou qu'on les découvre. Ils reçoivent ensuite dans le Nouveau

1. J. Nieuviarts, *L'entrée de Jésus à Jérusalem* (Mt 21,1-17). *Messianisme et accomplissement des Écritures en Matthieu*, Lectio divina 176, Paris, Cerf, 1999. On trouvera dans cet ouvrage les éléments plus détaillés de l'analyse présentée ici, en particulier pour la deuxième partie du livre, ainsi que des indications bibliographiques plus nombreuses.

Testament la majuscule par laquelle on indique leur compréhension de façon unique, mais il faut aller aux sources pour les comprendre.

UN ÉTRANGE MESSIE

Quel est donc ce messie qui est au cœur de la foi pour les chrétiens ? Son entrée à Jérusalem, assis sur un ânon et acclamé par les foules, a de quoi surprendre. C'est un roi ou un messie étonnant qu'acclament avec allégresse et empressement des disciples venus avec lui de Galilée et des foules anonymes de pauvres et de petits. C'est un messie humble, à hauteur d'homme !

Mais son entrée à Jérusalem ouvre dans les Évangiles les jours de la Passion et de sa mort sur une croix, au terme d'un jugement hâtif, pour ne pas dire expéditif. Ses disciples, des femmes et des hommes qui le suivaient depuis la Galilée, se sont alors terrés, dans la crainte d'être suspectés ou embarqués comme lui. Mais curieusement, de longs récits disent aussi que les uns et les autres l'ont rencontré, à nouveau vivant, ressuscité d'entre les morts. Cela a bouleversé leur vie, au point que plusieurs d'entre eux allèrent jusqu'à donner — ou perdre — la leur, pour lui et par attachement à la bonne nouvelle liée à son nom.

Qui est-il donc ? C'est là ma première question, la ligne de fond, le moteur le plus puissant de la recherche que j'ai menée et qui me conduit à écrire ce livre. Le récit de Matthieu (21,1-17) intègre de multiples références à l'Écriture, sous différentes formes, qui sont des éléments précieux pour une réponse à la fois ample et nuancée. C'est également une caractéristique de ce texte chez Matthieu, ce qui insensiblement m'a conduit à la deuxième question, qui a également travaillé cette recherche comme un ferment : qu'est-ce que lire un texte de la Bible ? Ou peut-être simplement qu'est-ce que lire, et comment lire ? Mais s'agissant de textes bibliques, la question prend d'autres couleurs ou contours.

LIRE LA BIBLE

Si souvent j'ai entendu des gens dire que la Bible est un livre compliqué ! Qu'est-ce donc que lire ? Quelles compétences cela requiert-il ? Faut-il être savant pour le faire ? Un enfant ne peut-il lire et comprendre d'emblée ces récits ? Ils ne sont pas faits pour des gens extraordinaires et tous peuvent les comprendre, c'est pour moi une conviction, à laquelle j'apporterai peut-être ensuite quelques nuances. Beaucoup de ces récits habitent les mémoires. Tous les ont un jour ou l'autre entendus ou lus, ou vus représentés sur des peintures, des gravures, au cinéma. À une simple lecture, comme on raconte une histoire, ne peut-on saisir leur richesse ?

Un texte des Actes des apôtres me revient ici à la mémoire. Un haut fonctionnaire de la reine Candace d'Éthiopie — on précise qu'il était eunuque, au moment où il va recevoir pleinement la vie ! — était venu à Jérusalem « pour adorer » et rentrait, assis sur son char, sur la route qui va de Jérusalem à Gaza, et qui était déserte. Il lisait le prophète Isaïe. Philippe, poussé par l'Esprit, dit le récit, le rejoignit en courant. « Comprends-tu ce que tu lis ? », lui demande-t-il. La réponse est saisissante : « Comment le pourrais-je s'il n'y a personne pour me guider ? » (Ac 8,31). Ainsi les Écritures peuvent-elles être entendues plus largement si quelqu'un en ouvre l'accès. L'Éthiopien invita Philippe à monter s'assoir à côté de lui. Et Philippe lui parla longuement de Jésus. À partir des Écritures, il lui annonçait la bonne nouvelle.

Ils arrivèrent près d'un point d'eau : « Qu'est-ce qui empêche que je sois baptisé ? », demanda l'Éthiopien. Il fit arrêter le char, ils descendirent dans l'eau tous les deux, et Philippe le baptisa. Et l'Éthiopien poursuivit son chemin, tout joyeux. Peut-être l'acte de lecture mène-t-il jusque-là, à une forme de renaissance, un baptême, une rencontre, qui font poursuivre le chemin tout autre.

QUEL CHEMIN PRENDRE ?

La lecture de la Bible saisit toujours l'homme en chemin. Elle est aussi une forme d'itinéraire. C'est précisément ce que signifie le mot « méthode ». Étymologiquement, il renvoie au chemin emprunté et dont il faut toujours pouvoir rendre compte pour dire comment on a atteint le but et le résultat obtenu.

Le questionnement sur ce qu'est lire m'a poussé à m'interroger sur la — ou les — méthode de lecture. Je fais l'hypothèse qu'une simple lecture du récit ouvre à sa pleine compréhension. Elle en ouvre le chemin, laissant pressentir cependant ici et là des questions sur lesquelles on aimerait pourtant revenir et être éclairé, et qui donnent peut-être accès à un autre niveau de compréhension. Ce sera le chemin de ce livre : découvrir le texte, dans la singularité qu'il a dans le récit de Matthieu (21,1-17) — le seul à mentionner l'ânesse auprès de l'ânon ! — Le lisant attentivement, que nous livre-t-il ? Une moisson très riche. Mais ici et là les questions posées nécessiteront l'éclairage de l'histoire qui entoure ce texte. C'est alors un autre acte de lecture que nous mènerons, peut-être à la façon dont on peut tout à coup entendre, de façon inattendue, une œuvre musicale en quadriphonie. C'est le projet et l'ambition de ce livre[1].

1. Soucieux de mener une étude aussi rigoureuse que possible du texte, ce livre contient de nombreuses références bibliques qui peuvent en rendre la lecture fastidieuse. Ces références ne sont là que pour étayer la démonstration et peuvent bien sûr être omises pour une lecture plus simple ou agréable. Elles sont données pour indiquer les chemins et les lieux de la recherche et orienter qui veut la poursuivre.

Une partition à lire : Matthieu (21,1-17)

Voici le texte de Matthieu (21,1-17), dans une traduction aussi proche que possible du texte grec. Entre parenthèses, les termes qui ne figurent pas dans le grec. En caractères gras, pour en faciliter l'identification, les citations bibliques présentes dans le texte. Celui-ci a été présenté en lignes assez courtes, de façon à mieux le lire et à percevoir, déjà à la lecture, le jeu de ses voix et ses mouvements.

1 Et quand ils approchèrent de Jérusalem
et arrivèrent à Bethphagé, au mont des Oliviers,
alors Jésus envoya deux disciples
2 en leur disant :
« Partez au village qui est en face de vous ;
et aussitôt vous trouverez
une ânesse attachée et un ânon avec elle ;
(l') ayant détaché(e),
amenez (les) moi.

3 Et si quelqu'un vous dit quelque chose,
vous direz que
« le Seigneur a besoin d'eux »,
et aussitôt il les enverra.

4 Or ceci arriva pour que trouve plénitude
ce qui fut dit à travers le prophète, disant :
5 « **Dites à la fille de Sion :**
Voici que ton roi vient à toi,
doux et monté sur une ânesse,
et sur un ânon, petit d'une
bête de somme. »

6 Or les disciples,
étant partis
et ayant fait comme leur ordonna Jésus,
7 amenèrent l'ânesse et l'ânon
et ils disposèrent sur eux les manteaux
et il s'assit sur eux.
8 Or la très nombreuse foule
étendi[ren]t leurs manteaux
sur le chemin ;
d'autres coupaient des branches aux arbres
et les étendaient
sur le chemin.
9 Or les foules,
celles qui le précédaient et

celles qui suivaient,
criaient
disant :
« **Hosanna** au **fils de David !**
Béni soit celui qui vient au nom du Seigneur !
Hosanna aux plus hauts (des cieux) ! »

10 Et comme il entrait à Jérusalem,
toute la ville fut en séisme, disant :
« Qui est celui-ci ? »
11 Or les foules disaient :
« C'est le prophète, qui
(est) de Nazareth en Galilée. »

12 Et Jésus entra dans le temple de Dieu et
il chassa tous ceux qui vendaient
et achetaient dans le temple
et il retourna les tables des changeurs et
les sièges de ceux qui vendaient les colombes.
13 Et il leur dit :
« Il est écrit :
Ma maison sera appelée maison de prière ;
mais vous, vous en faites **un repaire de brigands !** »
14 Et s'approchèrent de lui des aveugles et des boiteux,
dans le temple,
et il les guérit.
15 Or, les grands prêtres et les scribes,

ayant vu les prodiges qu'il avait faits et
les enfants qui criaient
dans le temple
et disaient :
« **Hosanna** au **fils de David** ! »,
s'irritèrent
16 et ils lui dirent :
« Tu entends ce que disent ceux-ci ? »
Mais Jésus leur dit :
« Oui.
N'avez-vous jamais lu que :
De la bouche des tout-petits et des nourrissons,
tu t'es ménagé une louange ? »

17 Et, les quittant,
il sortit hors de la ville vers Béthanie
et passa la nuit là.

Première partie

Un événement, plusieurs récits

L'entrée de Jésus à Jérusalem sur un ânon, entouré de foules qui l'acclament, est inscrite dans les mémoires, et chacun a en tête l'une ou l'autre image de tableaux ou de films. On se réfère à cet événement comme à un événement unique, et il le fut. Mais les Évangiles le rapportent avec des accents très différents, qui donnent à entendre chaque fois un autre récit.

Dans la première partie de ce livre, il nous faut repérer cette diversité d'expression. Elle est précieuse pour une lecture plus nuancée des textes. Elle aide aussi à mieux lire chacun, par différence avec les autres, les détails apparaissant souvent mieux par comparaison. L'observation menée permet d'y être sensible, comme on apprécie des couleurs et des formes dans un tableau, ou la représentation d'un même thème diversement interprété. Ou encore comme en musique les mélomanes ont leurs préférences dans l'interprétation de telle ou telle œuvre, car il n'est pas deux artistes qui jouent de la même façon la même partition.

En un premier mouvement, nous comparerons donc les quatre récits que présentent les Évangiles pour cet événement ou ce double événement, puisqu'à l'entrée de Jésus à Jérusalem succède sa venue dans le temple, dont il bouscule vigoureusement le désordre qu'il y trouve.

Il nous faut prendre acte de la place de chaque épisode relatant ce récit dans chacun des Évangiles. Les variantes que l'on peut observer à ce niveau sont déjà très instructives.

Puis il faut comparer, au-delà de leur contexte, les récits eux-mêmes. Cela offre une seconde moisson riche, qui est déjà lecture.

Nous attachant à un aspect du récit qui retient souvent l'œil dans les tableaux et les représentations, et qui a donné lieu, plus que d'autres, à des commentaires parfois étonnants, nous avons intitulé ce chapitre : « Un ou deux ânes ? » On ne peut en effet répondre à cette question que par une comparaison des récits, qui va bien au-delà de ce seul aspect.

Nous avons intitulé le second mouvement, de façon également un peu allusive : « Au pas de l'âne et des disciples ». Ce titre indique le propos de cette seconde phase de l'observation, qui prendra le temps de suivre pas à pas le récit et ses personnages.

Nous envisagerons préalablement le contexte dans lequel s'inscrit le récit que nous lisons au sein de l'Évangile de Matthieu, car il en est l'écrin.

Une des premières opérations à faire lorsque l'on étudie un texte est de vérifier si l'on ne l'extrait pas arbitrairement de son contexte. Justifier le découpage choisi est en ce sens important, mais assez simple. Il suffit, en effet, pour le faire, de porter attention aux notations de temps, de lieux, de même qu'aux personnages : à quel moment interviennent-ils dans le récit ? Quand apparaissent ou disparaissent-ils ?

Dès lors, nous les suivrons, ce qui amène à une lecture plus approfondie, ligne à ligne et à voir le récit s'animer et se déployer.

Demeure une question : comment Matthieu éveille-t-il, peu à peu, dans le lecteur, une compréhension parfois inattendue et riche ? C'est alors son art d'écrivain ou de conteur que nous observerons.

Il est un autre niveau de compréhension du texte : celui que tracent, en particulier ici, les nombreuses références aux Écritures. Une étude approfondie montre qu'elles trament le récit, qui connaît ainsi plusieurs niveaux de *tissage* ou de *texture*, car c'est bien un *texte* que nous lisons.

Mener cette investigation requiert une attention accrue aux citations et allusions aux Écritures. Il faut aller chercher les livres anciens et y recueillir ce qui deviendra le miel de la lecture. Nous le ferons dans la seconde partie de ce livre.

Dans la première, qui s'ouvre ici, nous avons opté pour lire le texte comme chacun peut le faire. Ici ou là interviendront l'un ou l'autre éléments de compréhension puisés en dehors du récit. Nous le ferons le moins possible, dans le désir de montrer que tout le monde peut lire en profondeur un texte s'il en prend le temps et consent à cette attention particulière, semblable peut-être à celle du jardinier qui voit éclore de jeunes pousses dont il observe la croissance. D'autres ne les voient pas, quand pourtant elles existent.

C'est donc aussi un propos de méthode que nous souhaitons mener dans ce livre, après avoir trop entendu que les textes bibliques sont compliqués à lire. Ouvrir le chemin d'une lecture généreuse et heureuse, c'est peut-être, même si elles demandent ici ou là une attention plus soutenue, le propos de ces pages.

Premier mouvement

Un ou deux ânes ?

L'épisode de l'entrée de Jésus à Jérusalem et dans le temple figure dans les quatre Évangiles. Il est intéressant, pour mieux lire le récit de Matthieu, de jeter un regard sur les autres. S'ils racontent la même histoire, ils ne le font pas de la même manière. Ces différences sont observables à la fois dans la place qu'occupent ces récits dans chacun des Évangiles, qui leur confère éventuellement une signification autre, et dans les « détails » de leur narration. Mais il n'est pas de détail dans un récit : rien n'est dit pour rien, tout compte, et il nous faut y prêter attention. Comme, lorsque l'on se trouve face à une fresque ou un tableau, il est intéressant d'observer où sont placés les personnages, quel est le cadre qui les entoure, quels sont leurs gestes. Différences et nuances deviennent alors parlantes, des histoires différentes nous sont racontées. C'est cette lecture nuancée que nous voulons mener ici.

LA PLACE DE CET ÉPISODE DANS LES ÉVANGILES

Les synoptiques (Matthieu, Marc et Luc[1]) présentent une montée unique de Jésus vers Jérusalem. Il s'agit chez eux de la toute première rencontre entre Jésus et la ville (Mt 21,1-17 ; Mc 11,1-19 ; Lc 19,28-46). Les deux péricopes que nous étudions (l'entrée de Jésus à Jérusalem et la purification du temple) font partie des rares épisodes ayant un véritable parallèle en Jean. Chez lui cependant, les deux épisodes sont séparés, le second apparaissant au début de son Évangile (Jn 2,14-16), et le premier au seuil de la seconde partie (12,12-16). Présents dans les quatre Évangiles, ils font l'objet, contrairement aux apparences, de récits très différents.

1. Seront abrégés par la suite, dans les références, en Mt, Mc, Lc et Jn pour l'Évangile de Jean. Ces abréviations sont précieuses pour leur aspect pratique. Mais elles signalent aussi que nous n'avons pas accès à la personne même de l'écrivain, c'est-à-dire de l'évangéliste, dont le profil seulement apparaît dans sa façon d'écrire, en même temps que le public auquel il s'adresse. Ces abréviations désignent donc leur récit, c'est-à-dire les Évangiles.

CHEZ MATTHIEU, MARC, LUC, UNE SEULE MONTÉE DE JÉSUS À JÉRUSALEM

Jésus vient de Galilée, et l'on est au point culminant de sa marche : le mouvement touche à son terme. Ce qui se passe est essentiel et donne la clé de compréhension de l'ensemble de son itinéraire. Une particularité importante — mais il en est beaucoup d'autres — apparaît au premier regard : dans l'Évangile de Marc, Jésus entre à Jérusalem et jusque dans le temple, et « ayant tout regardé autour de lui, l'heure étant déjà tardive, sort vers Béthanie avec les douze. » Le lendemain, se rendant au temple avec ses disciples, il maudit en chemin un figuier qui ne porte pas de fruit. Cela éclairera sa parole et ses gestes dans le temple (qui n'interviennent donc chez lui que le lendemain). N'en annonce-t-il pas l'assèchement total désormais (Mc 11,1-19) ? L'ordre des péricopes en Marc induit en effet ce parallèle entre le destin du temple et celui du figuier[1].

Chez Matthieu, l'entrée de Jésus dans la ville et son intervention dans le temple forment un seul épisode. La malédiction du figuier viendra le lendemain. Matthieu insiste alors, plus que Marc, sur la prière et la puissance de la foi. Une semblable différence d'accent, qui met en

1. On trouve chez lui un semblable enchâssement, aisément observable, d'une péricope dans une autre, en Marc (5,21-4).

relief l'invitation à la foi, se lit, dans l'Évangile de Matthieu, dans le récit de la tempête apaisée (Mt 8,23-27). Jésus y rappelle ses disciples à la foi au cœur même de la tempête, avant d'apaiser la mer (v. 26). Marc (4, 39-40) et Luc (8, 24-25) placent ce rappel ou cet appel à la foi après le retour de la mer au calme.

CHEZ JEAN, DEUX MOMENTS ESSENTIELS

De façon étonnante, Jean place dès le début de son Évangile le geste de Jésus dans le temple, communément appelé la « purification du temple » (Jn 2,14-16). Situé à cet endroit initial du ministère de Jésus, il revêt une importance considérable, comme si l'ensemble de l'enseignement de Jésus et de ses gestes y était symboliquement rassemblé et à lire à cette lumière, à la façon dont, au théâtre, la scène initiale ouvre à la compréhension de l'ensemble de ce qui va se dérouler.

L'entrée de Jésus à Jérusalem sur un ânon ouvre la seconde partie de son Évangile (Jn 12,12-16), celle dans laquelle le drame se noue et qui est tout entière marquée par l'horizon de la Passion.

Un tableau permet de rassembler ces observations et de les saisir d'un seul coup d'œil :

	Matthieu	Marc	Luc	Jean
L'aveugle (les deux aveugles) de Jéricho	20,29-34	10,46-52	18,35-43	
Le cortège messianique vers Jérusalem	21,1-9	11,1-10	19,28-40	12,12-19
L'entrée de Jésus dans la ville	21,10-11			
Les vendeurs chassés du temple	21,12-17	11,15-19	19,45-48	2,13-16
Le figuier desséché – foi et prière	21,18-22	11,12-14 et 20-25		
Questions des Juifs sur l'autorité de Jésus	21,23-27	11,27-33	20,1-8	

Un autre tableau permet d'apprécier peut-être plus clairement ces différences :

Matthieu	Marc	Luc
Entrée messianique à Jérusalem et dans le temple	Entrée messianique à Jérusalem et dans le temple et retour à Béthanie	Entrée messianique … dans le temple
———	Le lendemain : parole sur le figuier sans fruit (malédiction)	———
———	Retour dans le temple	———
Jésus chasse les vendeurs, guérit aveugles et boiteux	Jésus chasse les vendeurs ———	Jésus chasse les vendeurs ———
Retour à Béthanie	hors de la ville	et chaque jour enseignait dans le temple
Parole sur le figuier en un instant desséché	Le figuier desséché	———
Foi et prière	Foi et prière	———

DES DIFFÉRENCES INSTRUCTIVES

Il faut mener jusqu'au bout, c'est-à-dire désormais dans le détail, la comparaison entre les textes. Elle permet de percevoir ce que les différents récits — de Matthieu, Marc, Luc et Jean — ont en commun et, pour nous, de saisir la particularité de l'écriture ou des choix de Matthieu. Cette première observation attentive des textes ouvre leur lecture. Peu à peu se structurent les éléments de la compréhension du récit.

CE QUE LES QUATRE RÉCITS ONT EN COMMUN

1. Une *entrée solennelle de Jésus à Jérusalem*, acclamé par les foules. Cette entrée triomphale a le même point de départ dans les quatre Évangiles : le *mont des Oliviers*. Marc et Luc précisent Bethphagé et Béthanie ; pour Jean, il s'agit implicitement de Béthanie (où se sont déroulés les événements du chap. 12). Matthieu ne parle que de Bethphagé.

2. Dans les quatre récits, cette entrée est perçue comme *messianique* ou royale. Marc insiste en ce sens : « la royauté de notre père David », de même que Luc : « lui, le roi ». Chez Jean, la notation revêt un caractère politique plus prononcé : la foule acclame le « roi d'Israël », et les branches ou la verdure sont devenues des palmes. Chez Matthieu, les foules acclament le « fils de David ». Le

titre est plus biblique, ce que souligne la citation du prophète Zacharie : « Dites à la fille de Sion : Voici ton roi » (Za 9,9). La citation de Zacharie peut être sous-jacente aux récits de Marc et de Luc. Elle apparaît explicitement chez Matthieu. On la trouve également chez Jean, dans une forme beaucoup plus courte.

3. *Un roi humble.* Matthieu le précise par le biais de la citation du prophète. Et la monture de Jésus est, dans les quatre Évangiles, *un ânon.* Marc et Luc utilisent un mot qui désigne le « petit », du cheval ou de l'âne, Jean utilise un autre terme, Matthieu parle d'une ânesse et d'un ânon, « petit d'une bête de somme ». Marc et Luc précisent qu'il s'agit d'un animal qui n'a jamais été monté.

4. À la différence de Jean, chez qui Jésus, « trouvant un ânon, s'assit dessus », les synoptiques insistent sur la *prescience de Jésus.* Il donne des ordres aux disciples, leur enjoignant de se rendre au village qui se trouve en face d'eux pour y trouver l'ânon, qu'il leur ordonne de lui amener. Prévenant toute question ou opposition du ou des propriétaires, il leur dit aussi ce qu'ils auront à répondre en cas d'objection : « Le Seigneur en a besoin », et tout se passe comme Jésus l'a dit. Marc et Luc le rapportent de façon détaillée, Matthieu le sous-entend d'une formule brève « les disciples, ayant fait comme Jésus leur ordonna ». Dans les trois récits, Jésus envoie *deux* disciples : écho d'un souvenir ? Ou en filigrane le nombre

que prescrit la loi pour authentifier tout témoignage (Dt 17,6 ; 19,15 ; Nb 35,30) ?

5. Dans les quatre Évangiles, la foule a *les mêmes gestes d'acclamation*, brandissant palmes (Jean), branches (Matthieu) ou verdure coupée dans les champs (Marc), à quoi les synoptiques ajoutent le geste d'étendre les manteaux sur la ou les bêtes et sur le sol.

6. L'acclamation des foules, dans les quatre récits, se fait dans les termes du psaume 118 (117), 25-26, l'un des psaumes familiers de Sukkôt, « la fête » par excellence dans la tradition juive, celle de la joie sans mesure, durant laquelle les foules agitaient le *loulav* (le bouquet propre à cette fête) au cri du « Hosanna ». Matthieu redouble cette acclamation, que l'on retrouve dans la bouche des enfants, dans le temple.

7. Dans les quatre Évangiles, *Jésus opère dans le temple un geste d'autorité*, bouleversant toute l'activité mercantile qui s'y déroule. La parole qui accompagne ce geste : « Enlevez cela d'ici, ne faites pas de la maison de mon Père une maison de commerce » (Jn 2,16), est explicitement référée chez les synoptiques à l'Écriture (citation d'Is 56,7 et Jr 7,11). Chez Jean, le dialogue qui s'établit alors entre Jésus et « les Juifs » met le geste en rapport avec la destruction du temple, que Jésus dit pouvoir rebâtir en trois jours. L'évangéliste explique : « il parlait du sanctuaire de son corps » (2,21). Le récit est sensiblement plus long chez Jean. Placé dès le début de son Évangile, il revêt un

caractère symbolique et programmatique fort. Il livre une clé de lecture pour l'ensemble de ce qui va suivre.

8. Dans les quatre Évangiles, le conflit est désormais ouvert avec « les Juifs » (Jean), « grands prêtres, scribes et anciens » (Matthieu, Marc, Luc).

Le regard que nous venons de jeter sur les récits montre donc à la fois leur proximité et leurs différences. Jean indique de façon précieuse comment la relecture des événements a pu s'opérer à la lumière des Écritures (*cf.* Jn 2,22 ; 12,16). Cela s'exprime de façon différente d'un Évangile à l'autre. Inscrite dans le fil du récit chez les synoptiques, elle est plus explicitement présentée comme relecture ultérieure des événements chez Jean (2,17 ; 12,16). L'aspect royal ou messianique apparaît aussi différemment. Plus politique chez Jean, il est nettement messianique chez Matthieu. Marc et Luc oscillent entre ces deux pôles.

CE QUE MATTHIEU A EN PROPRE

Sur le fond de cette tradition commune apparaissent mieux les contours propres du récit de Matthieu. Il est intéressant, en un premier temps, de les identifier. Tous ne sont pas également importants, mais les relisant, nous pourrons plus aisément les interpréter. Pour la clarté, nous envisagerons d'abord l'entrée de Jésus à Jérusalem puis son entrée et son action dans le temple.

Les deux paragraphes qui viennent pourront donner l'apparence de descriptions fastidieuses. Mais celles-ci sont importantes. Elles forment de solides tamis et nous permettent de vérifier que nous ne manquons rien dans l'observation et donc la lecture du récit.

La venue de Jésus à Jérusalem

1. Matthieu ne mentionne que Bethphagé, et non Béthanie, comme Marc et Luc.

2. Il nomme explicitement Jésus au début du récit, au v. 1 (« il » chez Marc et Luc).

3. Il mentionne une ânesse auprès de l'ânon.

4. Il ne précise pas la qualité requise chez Marc et chez Luc pour l'ânon, que personne ne l'ait jamais monté. L'analyse de la citation de Zacharie (9,9) montrera que Matthieu réintroduit cette mention dans son récit par le biais de cette parole.

5. Il a en propre l'envoi immédiat, par le propriétaire, des animaux demandés par « le Seigneur ». Luc n'en dit rien. Marc annonce le renvoi de l'ânon par Jésus immédiatement après en avoir fait usage.

6. Il insère une citation de l'Écriture ou plus exactement de la parole du prophète, introduite par une formule solennelle qui en affirme l'accomplissement (v. 4-5).

7. Matthieu précise d'un mot que les « disciples » réalisent ce que Jésus a ordonné : « ayant *fait* comme leur ordonna Jésus » (v. 6). Marc et Luc le racontent (Marc :

« Ils s'en allèrent et ils *trouvèrent* un ânon » ; Luc : « Ils *trouvèrent* comme il leur dit »). Matthieu insiste sur l'obéissance des disciples, leur proximité avec la parole de Jésus.

8. Il précise que Jésus s'assoit « sur eux » (v. 7) : l'ânesse et l'ânon ? Les manteaux ?

9. Il mentionne la « foule très nombreuse » (v. 8).

10. Il démultiplie en quelque sorte les foules en « celles qui *le* suivaient et celles qui *le* précédaient » (v. 9).

11. La foule coupe des « branches aux arbres » (chez Marc, de la « verdure dans les champs », Luc n'en parle pas et ne mentionne que les manteaux).

12. Les foules acclament le « fils de David ».

13. À l'entrée de Jésus dans Jérusalem, « toute la ville » est secouée (en grec : « en séisme », traduction que nous avons retenue parce qu'elle semble très significative dans le récit). Elle interroge : « Qui est-il ? »

14. Les foules répondent qu'il est « le prophète Jésus de Nazareth en Galilée ».

Matthieu, plus que les autres, insiste sur la personne de Jésus (plusieurs fois explicitement nommé), dont plusieurs éléments construisent une figure seigneuriale, insistant sur son autorité (éléments 2, 5 et 7), et tracée nettement comme figure messianique (élément 12). Ils sont propres à Matthieu.

Notons au passage que les premiers versets du récit (l'envoi par Jésus de deux disciples pour trouver l'ânesse et l'ânon, la prescience de Jésus donnant un ordre aux disciples, qui l'exécutent en obéissance au maître et selon sa prévision ou prédiction) sont construits — dans l'ensemble de la tradition synoptique — selon une structure identique au début du récit rapportant les préparatifs de la Passion (Mt 26,17-19 ; Mc 14,12-16 ; Lc 22,7-13). Matthieu y ajoute cependant la citation d'accomplissement des v. 4-5.

Cela invite aussi à rapprocher l'ensemble des versets 1-7 d'un autre texte de Matthieu qui retiendra notre attention dans les chapitres suivants : le récit de l'apparition de l'ange à Joseph, dans le récit de l'enfance de Jésus (Mt 1,18-25). Ces deux ensembles s'organisent selon une même structure : 1. Situation (1,18-19 ; 21,1a) ; 2. Oracle et consigne (1, 20-21 ; 21, 1b-3) ; 3. Citation des Écritures (1, 22-23 ; 21, 4-5) ; 4. Exécution (1, 24-25 ; 21, 6-7)[1]. Nous sommes dès lors clairement face à une particularité matthéenne. Dans ces deux passages, la citation d'accomplissement (Matthieu compte dix citations de ce type) joue un rôle essentiel, sur le plan aussi bien narratif que théologique. Au chapitre 1, l'oracle du Seigneur est adressé à Joseph par la voix de l'ange. Il l'est au chapitre 21 aux disciples, par la bouche de Jésus lui-même, implicitement qualifié dans les mêmes versets de « Seigneur ». Cela confirme

1. *Cf.* A. Paul, *L'évangile de l'enfance selon saint Matthieu*, Lire la Bible 17 *bis*, Paris, Cerf, (1968) 1984, p. 49 et suiv.

une traduction forte chez Matthieu au v. 3 : plus que « maître » (possible traduction, faible), Jésus est « Seigneur » (traduction forte).

Jésus dans le temple

Les particularités du récit de Matthieu sont ici également importantes :

1. Matthieu nomme à nouveau Jésus. Il est le seul à le faire (v. 12).

2. Jésus chasse « tous » les vendeurs et acheteurs du temple, trait commun à Matthieu et Jean, absent chez Marc et chez Luc. L'action porte chez lui un caractère plus décisif que chez Marc et chez Luc, où il « commença à chasser ». Chez Matthieu, l'action est radicale, immédiate : il les « chasse ».

3. Matthieu ne comporte pas la précision de Marc : « Il ne laissait personne transporter d'objet à travers le temple », ni la précision suivante, propre au récit de Marc : « et il enseignait ».

4. Matthieu exprime au présent le reproche aux occupants du temple : « vous, vous en faites [verbe au parfait chez Marc, à l'aoriste chez Luc] un repaire de brigands » (v. 13). Il ne comporte pas la précision de Marc concernant la maison de prière « pour les nations ».

5. Matthieu a en propre la guérison des aveugles et boiteux dans le temple (v. 14).

6. De même que la récrimination des grands prêtres et scribes (v. 15a). Ils sont présents chez Marc et chez Luc, mais sans aucun échange de parole avec Jésus : ils « entendent » (Mc) et « cherchent à le faire périr » (Mc, Lc).

7. Matthieu a également en propre l'acclamation des enfants (v. 15b).

8. De même que le recours à l'Écriture (Ps 8,3), dans la réponse aux grands prêtres et aux scribes (v. 16).

9. Et la mention qu'il les « quitte » (v. 17).

On observe donc une nouvelle fois, dans cette séquence, la focalisation du récit de Matthieu sur la personne de Jésus. Le geste qu'il opère dans le temple revêt un caractère radical (« tous » au v. 12, à la différence de Marc et Luc : « il *commença* à [les] chasser »). L'action de Jésus est immédiate, et le reproche qu'il fait aux occupants du temple est au présent. Il les condamne sans appel (il les « quitte », v. 17).

Plusieurs caractéristiques de Matthieu

L'observation du texte permet d'identifier plusieurs accents propres au récit de Matthieu et d'entrer déjà dans son interprétation. Rassemblons de quelques mots ces différents traits :

1. *La focalisation du récit sur Jésus.* Matthieu a en propre l'insistance à le nommer, à plusieurs reprises, dans le

récit (v. 1, 6, 12 ; ainsi que d'un pronom, absent de Mc, v. 9-10). Jésus est au centre du récit.

2. Mais il faut dire plus : il s'agit bien, chez Matthieu, de *Jésus « Seigneur »*. Certes, dans les trois synoptiques, la réponse qui doit être donnée au propriétaire de l'ânon (ou de l'ânesse et de l'ânon chez Matthieu), est que « le Seigneur en a besoin ». Mais Jésus, chez Matthieu, « ordonne » ou « prescrit » (v. 6)[1] et ses « disciples » agissent selon la parole qu'il leur a dite. Matthieu reprend d'ailleurs au v. 6 le mot « disciples », utilisé au début du récit (v. 1). Présent chez les trois synoptiques, il n'est pas repris ici par Marc ni Luc. Matthieu est également d'une brièveté laconique en ce v. 6 : « ayant fait [participe, le verbe principal suit] comme leur ordonna Jésus, ils amenèrent ». Jésus ordonne, et ils font. La parole de Jésus est sans réplique. Matthieu construit de même la figure du disciple — et celle du « Seigneur » — dans d'autres passages (*cf.* 8,23-26, dans un contexte insistant sur les exigences liées au disciple).

3. Dans le même sens, il faut souligner la place importante faite dans son récit à l'*accomplissement des Écritures.* Nous y reviendrons, car c'est un trait important de Matthieu dans l'ensemble de son Évangile. Il a en propre

1. Le verbe « ordonner » n'est employé que par Matthieu dans le Nouveau Testament (21,6 ; 26,19 et 27,10 ; dans ce dernier verset, il s'agit d'une citation de l'Ancien Testament).

la magistrale formule d'accomplissement des Écritures des v. 4-5. Il ajoute également au bien de la tradition commune l'épisode de la guérison d'aveugles et de boiteux dans le temple et l'acclamation des enfants, des versets conclus par l'appel à l'Écriture citant le Ps 8,3.

4. Matthieu est le seul des quatre évangélistes à parler de *l'ânesse et de l'ânon*. Est-ce en raison de la citation de Zacharie (9,9), présentée dans la traduction de Matthieu comme parlant de *deux animaux* ? Du moins est-il le seul à le faire — comme il évoque à deux reprises la guérison de deux aveugles (Mt 9,27-31 ; 20,29-34). Cette particularité matthéenne a fait couler beaucoup d'encre, en particulier l'expression « Jésus s'assit sur *eux* » (v. 7) : s'agit-il donc des deux animaux, ou plus simplement des manteaux ? Nous y reviendrons. Du point de vue de l'iconographie, la présence des deux ânes permet de distinguer au premier regard une représentation liée au récit de Matthieu de celles inspirées des trois autres Évangiles ! De même, Matthieu ne précise pas, comme le font Marc et Luc, qu'il s'agit d'un ânon sur lequel personne ne s'est jamais assis.

5. Matthieu évoque au v. 9 la « très nombreuse foule ». Plus d'une fois dans son Évangile, il parle des foules « nombreuses » (8,1 ; 13,2 ; 26,47). Mt 21,9 est le seul cas où apparaît le superlatif, un indice parmi d'autres de la particularité et de l'importance de ce récit dans l'ensemble de son Évangile.

6. Matthieu est le seul à désigner Jésus comme « fils de David » et ceci à deux reprises : dans les acclamations des foules sur le chemin (v. 9) et dans celles des enfants dans le temple (v. 15). Marc parle du « royaume [ou de la royauté] de notre père David ». Luc et Jean n'en font aucune mention. Chez Jean, il s'agit d'une acclamation des foules au « roi d'Israël ». À l'évidence, c'est un point important pour l'interprétation du texte.

7. Matthieu a également en propre les v. 10-11, qui montrent, dans le récit, *le choc entre la Galilée et Jérusalem*, et ce que représentent ces deux lieux. L'émoi de la ville (déjà rencontré en 2,3) est alors à son comble. Le verbe qui l'exprime évoque en grec le « séisme ». On ne peut mieux dire l'opposition frontale entre le prophète de Galilée — et plus largement la Galilée — et Jérusalem. Matthieu précise ici « toute la ville ». En 2,3, il s'agissait déjà de « tout Jérusalem ».

8. Nous avons pu noter aussi la particularité des v. 14-16 de Matthieu, évoquant *la guérison d'aveugles et de boiteux dans le temple et l'acclamation des enfants.* Ces versets lui sont propres.

*

* *

Ainsi, les trois récits — de Matthieu, de Marc et de Luc — convergent-ils vers Jérusalem. Au terme, chez eux, d'une montée unique de Jésus vers la ville, le messie galiléen va au cœur de la cité sainte, haut lieu de la foi millénaire de son peuple, demeure de Dieu, mais aussi « ville qui tue les prophètes et lapide ceux qui lui sont envoyés » (Mt 23,37). Jésus y mourra, condamné par la loi d'Israël et celle de l'occupant romain. C'est au cœur de Jérusalem qu'il porte le signe contesté du Dieu qu'il nomme Père, et dont ses gestes et ses paroles tracent et révèlent le visage étonnant. Son attitude dans le temple porte le comble à une mesure déjà lourde, qui entraînera sa condamnation sans appel… et sans besoin de témoins, à l'heure de la Passion (Mt 26,59-61). Ses adversaires le lui rappelleront aussi en sarcasmes au pied de la croix du Golgotha (Mt 27,42).

PARVENUS À CE POINT…

Choisissant un des aspects typiques ou colorés du texte, nous avons intitulé ce chapitre « Un ou deux ânes ? » Un regard approfondi sur le récit nous a conduits beaucoup plus loin. La comparaison entre Matthieu et les autres Évangiles montre sa singularité sous de multiples aspects, qui fixent le cadre de l'analyse à venir.

Nous pouvons avancer encore dans l'observation du récit, et tenter de saisir son mouvement propre chez Matthieu. Cela fait l'objet du prochain chapitre.

Second mouvement

Au pas de l'âne et des disciples

Par souci de méthode, nous avons observé les textes rapportant l'entrée de Jésus à Jérusalem et son geste dans le temple dans l'ensemble des quatre Évangiles. Lire les récits ainsi, dans l'attention à leurs différences, permet d'aller déjà très loin dans leur saisie ou leur lecture. Désormais, c'est Matthieu qui sera au cœur de notre étude.

Dans ce chapitre, nous essayerons de lire le texte comme il est possible à tous de le faire, en étant attentif simplement à ce qui est dit, laissant à un autre temps de l'étude l'approfondissement de ce que nous pourrons y observer. Ici ou là, nous dépasserons un peu les limites du texte, nous en tenant à ce que les notes des bibles permettent en général de lire pour une compréhension un peu plus large.

Nous serons attentifs, en un premier temps, au contexte dans lequel s'inscrit le récit de Matthieu, sensibles en cela aux fils narratifs qu'il livre. Puis — sous le titre « Arrêt sur image ! » —, vérifierons, en particulier à travers les notations de temps et de lieux et l'attention aux personnages, qu'il s'agit bien ici d'une entité cohérente et que l'on peut considérer comme une unité. Enfin, nous suivrons les personnages, ce qui nous mènera à une lecture plus approfondie, ligne à ligne, du récit, pour observer, en conclusion, l'art de Matthieu dans le déploiement de sa narration.

DANS L'ÉVANGILE DE MATTHIEU, LE LOINTAIN CONTEXTE

On se trouve chez Matthieu, comme dans Marc et Luc, à un tournant de l'Évangile : au terme de la montée de Jésus à Jérusalem, ponctuée à plusieurs reprises par les annonces que fait Jésus du temps de l'épreuve et de la Passion. Le récit de l'entrée de Jésus dans la ville, marqué par la liesse et l'allégresse des foules, se lit sur cet horizon marqué de gravité, et le lecteur ne peut que s'interroger sur les raisons du drame à venir, qui travaillent le récit et vont s'y révéler, en filigrane et même en clair.

La montée en intensité du récit de Matthieu est perceptible dans la façon dont il souligne l'approche de la ville… dès la profession de foi de Pierre ! « À partir de ce moment, précise Matthieu, Jésus commença à montrer à ses disciples qu'il lui fallait *partir pour Jérusalem*, souffrir beaucoup de la part des anciens, des grands prêtres et des scribes, être tué, et le troisième jour ressusciter » (16,21). Le « départ » vers Jérusalem devient au chapitre 20 une « montée » : « Sur le point de *monter* à Jérusalem, Jésus prit les douze à part et leur dit en chemin : "Voici que *nous montons* à Jérusalem, et le Fils de l'homme sera livré aux grands prêtres et aux scribes ; ils le condamneront à mort et le livreront aux païens pour qu'ils se moquent de lui, le flagellent, le crucifient. Et, le troisième jour, il ressuscitera." » (Mt 20,17-19). Les adversaires de Jésus sont nommés : les grands prêtres et les scribes, que nous retrouverons dans le temple. Le chapitre 16 mentionnait aussi les anciens dans le front du refus à Jésus. S'ils ne sont pas présents dans le temple, ils réapparaîtront vite et seront présents dans l'ensemble de la Passion… et jusqu'après la Résurrection (21,23 ; 26,3.47.57 ; 27,1.3.12.20.41 ; 28,12) !

Jésus est ainsi en chemin avec ses disciples. Déjà ils approchent de Jéricho, où Jésus guérit deux aveugles (un seul chez Marc et Luc ; Matthieu avait déjà rapporté une guérison de deux aveugles en 9,27-31) « et ils le suivirent » (20,34). L'instant d'après, cette foule est aux abords de Jérusalem et c'est le début de notre récit, qui résonne de façon presque solennelle : « quand ils *approchèrent* de Jérusalem et *arrivèrent* près de Bethphagé, au mont des Oliviers, alors Jésus envoya deux disciples… » (21,1). Le point d'arrivée de l'itinéraire de Jésus est ainsi d'abord à Bethphagé, au mont des Oliviers. Si c'est là le terme — même provisoire — de sa marche, il nous faudra mesurer ce que signifie ce lieu essentiel. C'est en tout cas un moment décisif du parcours, qui pourtant se poursuit, puisque Jésus « entre » dans Jérusalem (v. 10), puis « entre dans le Temple » (v. 12). Le v. 17 marquera un coup d'arrêt dans ce mouvement, lorsque Jésus « les *quittant, sort de la ville pour se rendre à Béthanie*, où il passe la nuit ».

Entre l'entrée à Jérusalem et l'arrestation de Jésus à Gethsémani, il y aura désormais unité de lieu, en deux pôles distincts : la ville et le temple, d'une part, où Jésus est présent le jour, et les environs de la ville (mont des Oliviers et Béthanie), où Jésus se retire le soir venu, pour passer la nuit (Mt 21,17 ; 26,6.18.30). Sur la toile narrative de cette unité large s'inscriront discours et controverses. Au moment où ce va-et-vient entre la ville et ses environs s'arrêtera, au cœur de la ville, Jésus sera entré dans sa Passion, comme il l'avait annoncé. En passion, c'est-à-dire qu'il endurera désormais ce que d'autres décident et font, puisqu'il leur aura été « livré » (26,2.24.45 ; 27,3.18).

ARRÊT SUR IMAGE !

Matthieu raconte ainsi, dans son Évangile, le long chemin très hautement symbolique de Jésus, de la verdoyante Galilée à Jérusalem. Pourquoi privilégier dans cet ensemble Mt 21,1-17 ? Il est toujours bon de délimiter un passage sur des critères objectifs, et il est possible de le faire sur des critères simples, nous l'avons dit, en observant les notations de lieu, de temps et les mouvements des personnages — leur apparition ou leur disparition du récit. Rendre compte ici de ce découpage, c'est prêter encore attention à de très nombreux aspects du texte, et progresser dans sa lecture.

LES DÉSIGNATIONS D'ESPACE ET DE LIEUX

Nous l'avons vu, la « montée » de Jésus vers Jérusalem marque un point d'arrêt ou un terme, pour un temps du moins, à Bethphagé, au mont des Oliviers (« ils arrivèrent »). S'ouvre alors un autre mouvement, dans lequel neuf versets déploient ce qui s'y déroule : les disciples vont, sur l'ordre de Jésus, dans le village qui se trouve « en face » (mais où donc porte le regard ?) chercher un ânon et une ânesse qui y sont à l'attache. Et commence une joyeuse marche vers Jérusalem, au terme de laquelle Jésus « entre » dans la ville (v. 10). Deux versets décrivent alors le choc qui se produit pour la ville, avant que Jésus « entre » dans le temple, dont il sort au v. 17. Pour être plus exact, Jésus sort alors « de la ville », comme si elle avait absorbé le temple, ou comme si celui-ci avait perdu toute importance. Du moins n'est-il plus nommé.

LES DÉSIGNATIONS DE TEMPS

Elles viennent d'être implicitement indiquées. Resterait à préciser le temps grammatical des verbes du texte. Il est, en grec, entièrement à l'aoriste, équivalent pour nous du passé simple. Paroles et actes interviennent dans le temps comme posés de façon unique. Un seul imparfait laisse résonner, comme à l'infini, le cri d'acclamation des foules sur le chemin (puis celui des enfants dans le temple). Le v. 18 ouvrira une autre page, « de bon matin », scellant la révélation brûlante opérée par Jésus en son entrée dans Jérusalem et dans le temple.

LES PERSONNAGES

Chacun des lieux (mont des Oliviers, entrée dans la ville, puis dans le temple) voit intervenir des protagonistes différents, dans un jeu parfaitement identifiable. Jésus est présent dans le récit de part en part. Au mont des Oliviers, il est entouré de foules et même de grandes foules, au cœur desquelles les disciples ont une place particulière. C'est à eux que Jésus donne l'ordre de se rendre dans le village qui est « en face » pour en ramener l'ânesse et l'ânon qu'ils y trouveront à l'attache, parce que « le Seigneur en a besoin ».

Une voix venue d'ailleurs se fait alors entendre dans le récit : celle d'un ou « du » prophète, que fait retentir le narrateur, comme une parole qui interprète ce qui est en train de se dérouler, et qui trouve, en cet instant, sa plénitude.

Les disciples étendent leurs manteaux sur l'ânesse et l'ânon, et sont rejoints dans leur geste par les foules, qui jonchent le sol de branches et de leurs vêtements. Résonne alors leur cri, qui semble unir la terre et le ciel dans l'acclamation au « fils de David » : « Béni soit celui qui vient au nom du Seigneur ! »

Quand Jésus entre dans la ville, celle-ci devient le protagoniste principal. Elle est en séisme, si l'on en croit le terme grec. Aux joyeuses acclamations qui font se rejoindre ciel et terre sur le chemin, succède le temps de l'interrogation que lance la ville : « Qui est-ce ? » Et ce sont les foules qui répondent. L'identité de Jésus qu'elles affirmaient dans leurs joyeuses acclamations lancées vers le ciel devient désormais une information qu'elles donnent à la ville, puisqu'elle la demande : « C'est le prophète Jésus, de Nazareth en Galilée. »

Changement de lieu désormais et changement d'acteurs. Dans le temple, les premiers protagonistes sont ceux qui subissent le choc de la venue de Jésus. Il bouleverse en effet les étals et chasse les vendeurs et les acheteurs, auxquels il adresse vivement une parole puisée chez les prophètes Jérémie et Isaïe, mais Jésus ne les nomme pas, il n'a pas besoin de le faire. En amont des Écritures, il puise la parole à la source de celui dont il revendique les droits dans le temple : le Seigneur. Jésus n'avait-il pas dit aux disciples envoyés chercher l'ânesse et l'ânon qu'en cas d'objection, ils diraient simplement que « le Seigneur en a besoin » et on les laisserait faire ? C'est ici la voix du Seigneur qu'il fait entendre.

D'autres acteurs interviennent alors, étonnamment, au cœur du temple dont ils étaient exclus aux termes de la loi : des aveugles et des boiteux. Et même des enfants, qui font résonner en ce lieu le cri des foules sur le chemin, acclamant le fils de David. Les enfants apparaissent de manière indirecte : Matthieu ne les mentionne que par le biais de la parole d'indignation des grands prêtres et des scribes. Ils n'existent, curieusement, que par ce que ceux-ci en disent. Ce sont eux, en effet, les véritables protagonistes dans le temple, mais leur parole s'exprime juste de quelques mots pare-feu : « Tu entends ce qu'ils disent ? » Leur question est très en retrait par rapport à leur indignation et à la haine dont ils poursuivent Jésus ; les annonces de la Passion l'avaient laissé entendre, et la suite du récit le montrera de façon implacable. Leur irritation ne donne lieu ici qu'à une question, face à laquelle Jésus confirme le bien-fondé de l'acclamation des enfants. Il le fait en des mots aisément reconnaissables comme ceux du psaume 8, renvoyant ses adversaires à leur lecture (ou absence de lecture !) des Écritures.

Laissant là ses adversaires, Jésus sort de la ville. Tout autre acteur a disparu — du moins du récit. Il n'y a plus que Jésus seul. Accompagné jusqu'à l'entrée de la ville par une foule en liesse et entouré de disciples, il a trouvé une voix amie en celle des enfants dans le temple, et peut-être une réplique des foules dans la présence des aveugles et des boiteux qu'il guérit. La ville elle-même est en séisme. Sa question initiale : « Qui est-ce ? » semble disparaître et mourir dans le peu de voix des adversaires de Jésus dans le temple : « Tu entends ce qu'ils disent ? » Les acheteurs et les vendeurs sont en déroute. Leur commerce a été balayé d'un geste et d'un rappel prophétique vigoureux de Jésus. Que reste-t-il lorsque Jésus quitte la ville ? Dans ce séisme et cet ébranlement total, peut-être plus rien de ce qu'était le temple tel que Jésus l'a trouvé. Sa venue semble avoir tout emporté. Il sort de la ville, seul, comme il en sortira portant sa croix.

Les paraboles et échanges très vifs qui suivront, entre Jésus et ses adversaires, poursuivront l'épisode que nous lisons, ils le développeront. Mais peut-être, au regard de la Passion, tout est-il déjà joué ici.

Quelques tableaux simples permettront de visualiser les observations faites dans cette partie de l'analyse :

L'évolution spatiale inscrite dans le récit

	Mont des Oliviers		Dans la ville	
	À Bethphagé / Béthanie	En chemin	À l'entrée de la ville	Dans le temple
v. 1-7	*			
v. 8-9		*		
v. 10-11			*	
v. 12-16				*
v. 17	*			

On pourra superposer ce schéma et le suivant.

Parole et voix dans le récit

	Mont des Oliviers		Dans la ville	
	À Bethphagé / Béthanie	En chemin	À l'entrée de la ville	Dans le temple
v. 1-7	Jésus aux disciples et le narrateur citant l'Écriture v. 4-5			
v. 8-9		Acclamation des foules		
v. 10-11			Question de la ville / réponse des foules	

	Mont des Oliviers		Dans la ville	
v. 12-16				Jésus (parole aux vendeurs) Acclamation des enfants Question des grands prêtres et scribes Réponse de Jésus
v. 17	Jésus (un acte-parole)			

Présence des acteurs selon les lieux

	Mont des Oliviers			Entrée de la ville	Galilée	Temple	Mont des Oliviers
	Bethphagé, mont des Oliviers	Village en face	En chemin	Entrée Jérusalem	Nazareth de Galilée	Temple	Hors de la ville
« Ils » (Jésus, disciples, foules)	*						
Jésus/il	*		*	*	*[1]	*	*
Deux disciples	**[2]	**					
Ânesse et ânon	*	*	*[3]				
Disciples et foules			*				
Foules			*	*			
Toute la ville		*[4]		*			

	Mont des Oliviers			Entrée de la ville	Galilée	Temple	Mont des Oliviers
Vendeurs, acheteurs, changeurs						**[2]	
Aveugles, boiteux						**[2]	
Enfants						*[5]	
Grands prêtres et scribes						*	

1. Par la réponse des foules, la Galilée est présente au cœur du récit
2. N'ont aucune parole exprimée dans le texte
3. Présence présupposée par le contexte
4. Mentionnée dans la parole du prophète comme « Fille de Sion »
5. Qualifiés de « tout-petits » et « nourrissons » dans la citation du Ps 8,3, qui permet d'identifier aussi « ce qu'ils disent » comme « louange ». À noter qu'ils apparaissent en discours rapporté : « les grands prêtres et les scribes, ayant vu (...) les enfants qui criaient dans le temple, disant... »

SUIVRE CHACUN DES PERSONNAGES ET VOIR S'ANIMER LE RÉCIT

Il est possible désormais de suivre chacun des personnages à travers les différents lieux — qui comportent à l'évidence une dimension symbolique forte. Il suffit pour cela de suivre le texte.

AU MONT DES OLIVIERS (V. 1-7)

Verset 1 : Quand ils approchèrent de Jérusalem…

v. 1 Et quand ils approchèrent de Jérusalem et arrivèrent à Bethphagé, au mont des Oliviers…

La marche de Jésus, suivi par ses disciples, était orientée vers Jérusalem, « la ville qui tue et lapide les prophètes » (Mt 23,37). Ils « approchent » désormais de la ville. Mais, à l'évidence, Bethphagé marque un premier point d'« arrivée », que souligne le récit, précisant « au mont des Oliviers ». Ce lieu revêt donc une importance particulière. Un regard plus approfondi dans la Bible pourrait en découvrir la symbolique. Nous y reviendrons donc.

Versets 1 à 3 :… alors Jésus envoya deux disciples…

v. 1… Jésus envoya deux disciples v. 2 en leur disant : « Partez au village qui est en face de vous ; et aussitôt vous trouverez une ânesse attachée et un ânon avec elle ; (l')ayant détaché(e), amenez(-les)-moi. v. 3 Et si quelqu'un vous dit quelque chose, vous direz que "le Seigneur a besoin d'eux", et aussitôt il les enverra. »

La « montée » de Jésus vers Jérusalem trouve donc un terme au mont des Oliviers. Et de fait s'y déploie une action ample. La marche s'interrompt et le regard porte ailleurs : vers « le village qui est en face ». Inutile cependant d'en chercher l'identification : nous ne savons pas où porte le regard de Jésus. Du moins est-ce vers un village qui, plus que la ville peut-être, peut s'associer à son projet ou à celui du Seigneur. À toute question en ce lieu, il suffira en effet de répondre : « Le Seigneur en a besoin », et « aussitôt » la réponse sera empressée : « il — ou on — les enverra » !

Sur ces derniers mots, les traductions hésitent. Par influence plus ou moins consciente du récit de Marc, on a tendance à traduire : « Le Seigneur en a besoin, mais aussitôt les [r]enverra »[1]. Il ne semble pas que ce soit ce que dit le texte grec, et je justifierai plus loin cette

1. Ainsi P. Benoît et M.-E. Boismard (Synopse, 1972) : « vous direz que "Le Seigneur en a besoin, mais aussitôt il les enverra." » ; la bible Osty (1973) : « vous direz que le Seigneur en a besoin et aussitôt il les renverra » ; la bible de Jérusalem (1988) : « Vous direz : "Le Seigneur en a besoin, mais aussitôt il les renverra" » ; la bible Bayard (2001) : « répondez que le maître en a besoin et qu'il les renverra par la suite ». À la différence de la TOB (1981) et de la Nouvelle Bible Segond (2002) : « Vous répondrez : "Le Seigneur en a besoin" et il les laissera aller tout de suite. » C'est le choix que nous faisons, nous le justifierons plus largement dans la deuxième partie de ce livre.

traduction. Le Seigneur parle, qui oserait s'opposer à sa parole ?

Matthieu vient d'évoquer l'envoi de deux « disciples », qui font « comme Jésus l'ordonna » (v. 6). Le disciple est celui qui « suit » Jésus (Mt 8,18-23 ; 16,24), dont les paroles et l'autorité tracent ici une figure seigneuriale. Ce trait est accentué par la prescience de Jésus : « aussitôt, vous trouverez ».

Qu'une ânesse soit à l'attache et son ânon auprès d'elle n'a rien que de naturel. L'ânon n'a pas besoin pour cela d'être attaché, il l'est naturellement à l'ânesse. Cela explique peut-être l'absence de complément, dans le texte grec, aux verbes « détacher » et « amener ». Matthieu est le seul à mentionner les deux animaux, nous l'avons déjà observé. Il dit seulement « détachez » et « amenez ». Le lecteur définit inconsciemment le complément : amenez-la ou amenez-le, amenez-les, et l'histoire de la transmission textuelle et des commentaires montre qu'il y a bien ici une ambiguïté, qui ne sera pas vraiment levée dans les versets suivants. La citation qui va suivre, au v. 4, opérera sur eux une focalisation qui retiendra notre attention.

La marche de Jésus et de ses disciples marque ainsi une pause longue entre Bethphagé et le village qui est en face, sur le mont des Oliviers. Et le récit inscrit de surcroît un suspens — suspension du temps — dans les versets suivants, dans lesquels Matthieu fait entendre la voix d'un prophète ou « du » prophète. Pause très longue sur le mont des Oliviers.

Versets 4 et 5 : Ceci arriva pour que trouve plénitude ce qui fut dit à travers le prophète…

v. 4 Or ceci arriva pour que trouve plénitude ce qui fut dit à travers le prophète, disant : v. 5 « Dites à la fille de Sion : "Voici que ton roi vient à toi, doux et monté sur une ânesse, et sur un ânon, petit d'une bête de somme." »

C'est le narrateur qui intervient en ces versets. Il prend une option forte sur la signification de ce qui se passe et du geste qui s'opère ici. Sa parole anticipe aussi la suite du récit, en indiquant au lecteur ce qui est attendu de la ville dans la venue de Jésus. Se trouvent rassemblés, en effet, dans ou par la parole du prophète, tous les acteurs majeurs du récit : Jérusalem, la « fille de Sion », Jésus, roi humble, monté sur une ânesse et un ânon, et la joie ou la liesse qui doit résulter de cette rencontre heureuse, et qu'il est dit d'annoncer.

On est frappé d'abord, à la lecture de ces deux versets, par la redondance des verbes ou des mots qui insistent sur la parole et l'acte de la proférer : répétition du verbe « dire », que le texte grec laisse encore résonner dans le mot « prophète ».

Ce qui est donné à entendre est une parole qui traverse la parole humaine et vient d'ailleurs ou de plus haut, du

Seigneur lui-même. C'est ce que laisse entendre la formulation *a priori* étonnante de Matthieu : « ce qui fut dit à travers [on attendrait : par] le prophète ». Ce n'est pas en grec un complément d'agent, et j'ai fait le choix de le laisser apparaître dans la traduction, même si elle peut paraître insolite. En peu de mots, c'est une véritable théologie du prophétisme : à travers le prophète s'exprime une voix venue d'ailleurs, celle du Seigneur lui-même, la voix de Dieu.

Ce qui se déroule dans ces versets « accomplit » ainsi — c'est-à-dire, selon le mot grec, porte à la « plénitude » — la parole du prophète ou celle qui, à travers lui, vient de Dieu et exprime son projet. On parle communément de l'accomplissement des Écritures. Il s'agit en fait de la plénitude d'une parole ; Matthieu l'exprime de façon insistante et redondante : une parole « [qui dit] : "Dites à la fille de Sion : 'Voici ton roi qui vient à toi [...]'" » À travers ces mots, la scène tout entière est clairement interprétée comme la venue du roi humble à Sion. Et la nouvelle en est donnée à entendre, ce qu'indique avec force la répétition du mot « dire », la mention du prophète soulignant l'urgence de Dieu.

Les mots sont ceux du prophète Zacharie annonçant le roi humble, « doux et monté sur une ânesse, et sur un ânon, petit d'une bête de somme » (Za 9,9). On ne peut mieux dire son humilité : « le petit d'une bête de somme » ! Ce roi-là ne fait pas dans l'apparat et ferait bien pâle figure auprès des Romains magnifiquement campés sur leurs chevaux. Est ainsi donnée à entendre sa proximité avec les foules qui l'entourent. Rien n'est précisé de ceux qui les composent. Il est cependant possible, sur la base de ce verset, de comprendre qu'il s'agit d'une foule d'humbles et de petits, qui sont en plein accord, Matthieu le montre, avec ce messie « doux et monté sur une ânesse et un ânon ». Les grands sont à Jérusalem et ne s'encombreraient pas de ces chemins de campagne et des gestes qui vont suivre.

On saisit, à la simple lecture, tout ce dont est porteuse la figure de l'ânesse et de l'ânon. Dans la Bible, comme dans toutes les cultures, ces animaux sont modestes. Ils conjuguent humilité et docilité, et ce sont toujours des montures de pauvres. Que ce soit une ânesse ajoute probablement à ces traits la douceur : elle est là avec son ânon. Il est ainsi immédiatement perceptible qu'elle est associée au don de la vie : à son « petit », de même que, laborieusement mais fidèlement, au fil des jours, puisque c'est une « bête de somme ». Un ânon peut être solide, mais il est frêle, et manifestement encore tout entier dépendant de sa mère. Ce n'est pas encore une bête de somme. Il le deviendra.

Ce sont eux qui portent le messie, comme pour laisser entendre que les différents traits notés ici — de l'humilité et de la douceur, de la docilité et de la vie donnée — qualifient aussi Jésus en cet instant. L'ânesse va où on la guide. Elle porte ici le messie acclamé par les foules dans son entrée triomphale à Jérusalem, dans cette ville où sa vie sera donnée.

Notons au passage que la fin de la citation du prophète Zacharie est conjuguée par Matthieu avec des versets importants de la Genèse, ceux de la bénédiction par Jacob de ses fils, et en particulier de Juda, l'ancêtre de la tribu messianique (Gn 49,11).

Resterait une question, sur l'identité de la « fille de Sion ». La mémoire biblique l'associe de façon générique à Jérusalem, et de façon plus précise à la colline de Sion qui porte le temple. Mais, au moment où va être acclamé le « fils de David », on ne peut qu'entendre avec bonheur l'évocation de la « fille de Sion ». Le lecteur, laissant parler en lui ces figures de jeunesse, pourra penser aux fiançailles ou aux épousailles entre l'un et l'autre. Et c'est bien ce que le récit laisse entendre… et qui ne se passera pas. Là est le drame.

La figure conjointe de l'ânesse et de l'ânon, celle du « fils de David » et de la « fille de Sion », laissent apparaître en filigrane une relation d'engendrement ou de filiation, de filialité (fils de, fille de, le petit de). Il sera question dans le temple des enfants, qualifiés par Jésus dans une citation du psaume 8, de « tout-petits », de « nourrissons ». Le récit ne donnerait-il pas à lire ainsi discrètement un itinéraire de rajeunissement et, plus profondément, d'engendrement ?

Versets 6 et 7 : Les disciples, étant partis, et ayant fait comme leur ordonna Jésus…

v. 6 Or les disciples, étant partis, et ayant fait comme leur ordonna Jésus v. 7 amenèrent l'ânesse et l'ânon et ils disposèrent sur eux les manteaux et il s'assit sur eux.

Nous avons évoqué déjà la disponibilité des disciples à réaliser ce que Jésus leur a ordonné : « étant partis et ayant fait […] ils amènent l'ânesse et l'ânon ». Mais ils font même plus, puisqu'ils « disposent sur eux leurs manteaux ». Jésus ne le leur avait pas demandé, mais ils sont en totale adhésion avec son projet et y associent leurs gestes, et Jésus y consent, il « s'assit sur eux ». Les gestes empressés des disciples se conjuguent à ceux ordonnés par Jésus, comme s'il était bien clair qu'ils ne font qu'un avec lui.

Demeure la question posée par la fin du verset : « il s'assit sur eux ». La tradition textuelle montre l'hésitation ici des manuscrits, prolongée par celle de nombre de commentateurs : Jésus s'est-il assis sur l'ânesse ou sur l'ânon[1] ?

1. Dans l'hésitation, la tradition textuelle a toujours privilégié l'ânon. C'est toujours lui, dans le doute, qui fut la monture de Jésus dans son entrée à Jérusalem.

Certains ont redoublé d'imagination jusqu'à envisager Jésus chevauchant les deux animaux à la fois[1]. Nous ne sommes pas tenus, dans la lecture, à un tel réalisme. Le regard que nous porterons plus loin sur la citation nous montrera comment lire ce verset peut-être à un autre niveau de compréhension.

1. Matthieu, notait un commentateur, présente l'événement comme un accomplissement littéral de Zacharie, « bien que l'on ne puisse pas bien se représenter comment Jésus a pu chevaucher deux animaux : peut-être l'un après l'autre ? » (E. Schweizer, *Das Evangelium nach Matthäus übersetzt und erklärt*, Das Neue Testament Deutsch, Band 2, Göttingen, Vandenhoeck & Ruprecht, 1981, p. 263). La bibliographie est abondante sur le sujet. Ainsi O. Holtzmann n'hésite pas à écrire : « Jésus s'assoit sur les deux : la mère comme siège et le petit comme marchepied » (*Das Neue Testament nach dem Stuttgarter griechischen Text übersetzt und erklärt*, I Band, Die Synoptischen Evangelien Apostelgeschichte, A. Töpelmann in Giessen, 1926, p. 184) ! À l'inverse, M.-J. Lagrange ironise : « De nombreux critiques prêtent à Matthieu une singulière bévue. Il aurait vu dans Zacharie — par erreur — la présence de deux animaux, l'ânesse et l'ânon, ce qui l'aurait conduit à ajouter une ânesse à l'ânon de Marc (de Luc et de Jean), sauf à n'en savoir qu'en faire, et à déclarer enfin que Jésus était monté sur les deux, ce qui serait une ânerie » (*Évangile selon Saint Matthieu*, Études bibliques, Paris, Gabalda, 6e éd., 1941, p. 397).

EN CHEMIN (V. 8-9)

Verset 8 : La très nombreuse foule étendi[ren]t leurs manteaux sur le chemin…

v. *8 Or la très nombreuse foule étendi[ren]t leurs manteaux sur le chemin ; d'autres coupaient des branches aux arbres et les étendaient sur le chemin.*

Il n'était question, depuis le début du récit, que de Jésus et de ses disciples. La perspective s'ouvre, et c'est désormais une « très nombreuse foule » qui entoure et accompagne Jésus. Elle pose les mêmes gestes que les disciples, ou les prolonge. Ils avaient posé leurs vêtements sur l'ânesse et l'ânon, les foules étendent leurs manteaux sur le chemin. Elles font même plus elles aussi — comme les disciples le firent avec empressement en dépassant l'ordre de Jésus : beaucoup coupent des branches aux arbres pour en joncher le chemin. Ainsi se déploient, comme par vagues successives, les gestes de l'acclamation, qui déjà semblent unir le ciel et la terre. Cela sera plus clair encore dans l'acclamation qui va suivre. Ce qui est en haut vient en bas. Ce qui est humble, dit la mémoire de l'Évangile — et peut-être notre récit —, est élevé.

Verset 9 : Or les foules, celles qui le précédaient et celles qui suivaient…

v. 9 Or les foules, celles qui le précédaient et celles qui suivaient, criaient disant : « Hosanna au fils de David ! Béni soit celui qui vient au nom du Seigneur ! Hosanna aux plus hauts (des cieux) ! »

Le cadre du récit s'amplifie encore ici, puisque sont distinguées les foules qui « précèdent » et celles qui « suivent » Jésus. Haut et bas — ciel et terre — se trouvaient rapprochés dans les gestes des foules étendant leurs manteaux au sol et coupant des branches aux arbres. Elles entourent également Jésus, devant lui et derrière lui. L'ensemble de l'espace est ainsi occupé autour de Jésus, que les foules accompagnent dans sa marche vers la ville. Disciples et foules, à l'évidence, font corps avec son projet.

Le cri des foules est un « hosanna » lancé à pleine force. C'est l'acclamation des foules en marche solennelle vers le temple, en particulier lors de Sukkôt, la fête des tentes, souvent appelée « la fête de la plus grande joie ».

Il est intéressant de voir qu'à nouveau ciel et terre sont convoqués et se rejoignent, puisque le cri des foules acclamant le fils de David résonne dans les hauteurs des cieux. Le Hosanna n'est pas lancé vers le ciel, mais il y résonne. Littéralement : « Hosanna dans les plus hauts — ou les hauteurs — [des cieux]. » Ciel et terre sont ainsi à l'unisson quand est acclamé « celui qui vient au nom du Seigneur ». Cette expression est une reconnaissance forte de l'identité de Jésus dans sa venue à Jérusalem. Et l'on se souvient que ces paroles devaient être adressées par les prêtres, depuis le temple, aux pèlerins qui s'en approchaient. Ce sont ici les foules qui assument ce rôle sur le chemin — à distance encore du temple —, en ce lieu où leur parole est libre.

Les grands prêtres, le moment venu, seront muets, voire mutiques (v. 15-16). Un verset propre au récit de Luc prend ici un sens particulier : aux pharisiens qui veulent faire taire les disciples qui acclament Jésus, celui-ci répond en des mots très lourds de sens : « Je vous le dis, si eux se taisent, les pierres crieront » (Lc 19,39-40). On ne peut mieux montrer le transfert de responsabilité des prêtres aux foules. La défection des prêtres, ici, est totale. Pire : ils veulent faire taire la parole des foules qui profèrent généreusement les mots d'accueil dont ils avaient la charge… au nom du Seigneur !

Ciel et terre, en ces versets, sont ainsi à l'unisson de l'entrée messianique de Jésus dans la ville, entouré et acclamé par les disciples et les foules, tandis que la ville est murée dans le silence ou le refus, comme l'affirment lourdement les versets 10-11 qu'il nous faut lire.

À L'ENTRÉE DE LA VILLE (V. 10-11)

Versets 10 et 11 : Comme il entrait à Jérusalem, toute la ville fut en séisme…

v. 10 Et comme il entrait à Jérusalem, toute la ville fut en séisme, disant : « Qui est celui-ci ? » v. 11 Or les foules disaient : « C'est le prophète, qui (est) de Nazareth en Galilée. »

Jésus est ici à nouveau le premier nommé (« comme il entrait »). C'est lui qui est au cœur de l'événement qui se déploie. Les foules et les disciples l'entourent et l'accompagnent activement, mais il en a la pleine et totale initiative.

Il entre désormais dans la ville. Le lecteur de l'Évangile attend — et redoute — cet instant depuis longtemps, puisque Jésus en a souvent parlé, en termes d'épreuve radicale. Le choc est frontal : « toute la ville » est en « séisme », traduction littérale du verbe grec, qui rend compte de la profondeur de l'affrontement qui s'opère. Deux plaques tectoniques entrent en contact, celle de la verdoyante Galilée et Jérusalem, la ville « qui tue et lapide les prophètes » (Mt 23,37). Le choc est profond. Jérusalem était apparue au début de l'Évangile, lors de la venue des mages en chemin vers Bethléem pour se prosterner devant le « roi des Juifs ». Le « roi Hérode » (deux rois en présence !) fut alors « bouleversé, et tout Jérusalem avec lui » (Mt 2,3). Cet émoi a franchi désormais un cap, un point de non-retour. Et il s'agit bien de « toute la ville », perçue comme une entité unique.

On est étonné, dans la violence de l'affrontement qui s'opère, que la parole de la ville ne soit pas plus vive — un cri, une clameur —, mais juste une parole, une question : « Qui est celui-ci ? »

La question de la ville est introduite par un verbe : « toute la ville *fut en séisme*, disant... » Le passé simple la pose comme importante, mais sans autre durée que celle qu'évoque le verbe : le temps d'un séisme. La réponse des foules est beaucoup plus ample. Le verbe qui l'exprime est à l'imparfait, qui évoque la répétition ou la durée d'une parole longue, la convergence et l'unanimité aussi d'une parole multiple : « Les foules disaient : c'est le prophète ! »

On peut cependant s'étonner. Les foules viennent d'acclamer avec empressement, sur le chemin, le « fils de David [...] qui vient au nom du Seigneur ». Changement de registre. Les acclamations messianiques ont cessé. « C'est le prophète », répondent-elles. Le récit marque un tournant, que les chapitres suivants déploieront, dans la contestation, réitérée par les pharisiens, les scribes et les anciens, de l'autorité revendiquée par ce « prophète » de Galilée qui les gêne.

La réponse des foules convoque cependant la ville sur le lieu essentiel pour elle : l'accueil de la parole qui lui vient de Dieu ! N'est-ce pas cette parole qui se dit « à travers le prophète » (*cf.* v. 4) ? Dans le temple, la parole de Jésus en appellera également aux prophètes qui, depuis Jérémie et Isaïe, n'ont cessé d'inviter Jérusalem à la conversion, sur le lieu même de son culte, qu'elle pensait essentiel et organisait… loin de Dieu. Les prophètes le répétèrent avec vigueur. Jésus prend en relais ce rappel de façon brûlante dans le temple, comme le montrent les versets suivants, dans la ville qui fait mourir les prophètes !

DANS LE TEMPLE (V. 12-16)

Versets 12 et 13 : Jésus entra dans le temple de Dieu…

v. 12 Et Jésus entra dans le temple de Dieu et il chassa tous ceux qui vendaient et achetaient dans le temple et il retourna les tables des changeurs et les sièges de ceux qui vendaient les colombes. v. 13 Et il leur dit : « Il est écrit : "Ma maison sera appelée maison de prière" ; mais vous, vous en faites un repaire de brigands ! »

Le récit a marqué un tournant. Jésus est « entré à Jérusalem ». Il « entre » maintenant dans le temple. Un certain nombre de manuscrits précisent « le temple de Dieu ».

Un tel ajout ne fait que rendre explicite ce que Matthieu affirme avec force dans cette séquence, dans laquelle le mot « temple » est répété (quatre fois entre le v. 12 et le v. 15 !). Le chemin de Jésus a atteint son objectif ultime, le cœur de la foi d'Israël, le lieu où elle s'exprime de la façon la plus visible, la plus ample et souvent la plus belle — les psaumes l'affirment (Ps 41…) —, mais aussi, trop souvent, la plus scandaleuse.

Ceux qui vendent ou achètent sont « chassés ». Les tables des changeurs sont « retournées ». Tout le fatras vénal qui entourait le culte est renversé. On venait en effet au temple au moment des fêtes, et l'on y trouvait ces « changeurs » qui permettaient à celui qui arrivait d'échanger l'argent ordinaire contre celui qui n'avait cours que dans le temple. La transaction était souvent juteuse pour ceux à qui profitait ce commerce, jeté au sol et balayé d'un geste par Jésus. Les colombes étaient l'offrande du pauvre, de ceux qui ne pouvaient se permettre les sacrifices de plus gros bétail (Lv 12,8 ; *cf.* Lc 2,24). Est-ce clémence envers ceux à qui étaient vendues ces colombes ? Les sièges des vendeurs sont retournés, mais on ne nous dit pas qu'ils soient chassés. Le négoce autour des choses de Dieu, quand on s'adresse à des pauvres, est manifestement indu[1].

1. Sur le temple et le culte, voir H. Cousin éd., *Le monde où vivait Jésus*, Paris, Cerf, 1998, chap. 5 : « Le culte » (p. 249-373).

Jésus en appelle aux Écritures. On reconnaît dans ses mots une citation conjuguée d'Isaïe (56,7) et de Jérémie (7,11). Nous percevons d'emblée la force de la parole prophétique rappelant le temple à sa nature profonde de « maison de prière » là où l'agitation et les rites que trouve Jésus sont manifestement insensés quand on prétend y rencontrer Dieu et l'honorer.

Les prophètes eurent des paroles extrêmement vives contre le culte dévoyé associé à l'injustice (*cf.* Am 5,21-27 ; 8,4-8.14-15 ; Is 1,10-20 ; 58,1-14 ; *cf.* Ps 14 ; 23,3-5). Jérémie fut l'un d'entre eux. Il eut dans le temple des paroles terribles (Jr 7) qui lui valurent une condamnation à mort à laquelle il échappa de justesse (26). L'expression très vive de Jésus : « Vous en faites un repaire de brigands » est tirée du chapitre 7. Isaïe, quant à lui, appelait avec force à la justice, au retour de l'exil à Babylone, affirmant l'accueil large de Dieu à tous ceux qui le cherchent, même s'ils sont étrangers et considérés comme païens ou hors d'Israël et censés loin de Dieu.

Ainsi, le « prophète de Galilée » s'inscrit-il dans la grande tradition prophétique d'Israël. À défaut de le reconnaître comme messie, comme l'ont fait les disciples et les foules sur le chemin, il faut à ses adversaires entendre sa parole de prophète. Celle-ci les mènerait à l'essentiel : abandonner un culte perverti et respecter le temple comme la « maison de prière » que Dieu désire. Ce que cela signifie va s'éclairer d'une lumière très vive, trop vive pour les adversaires de Jésus, dans les versets suivants.

Verset 14 : Et s'approchèrent de lui des aveugles et des boiteux…

v. 14 Et s'approchèrent de lui des aveugles et des boiteux, dans le temple, et il les guérit.

D'où viennent donc ces aveugles et boiteux qui « s'approchent » ici de Jésus, « dans le temple » — le mot est répété, comme s'il fallait bien l'entendre avec force ? Leur marche est déterminée et comme aimantée par Jésus : on ne doit pas les guider, « ils s'approchent ». Bien des commentateurs ont pensé que c'était peu cohérent de les voir là. Mais justement, Matthieu insiste sur leur présence. Il est le seul des quatre Évangiles à le faire. Et Jésus les « guérit » là, « dans le temple ». Ne serait-ce pas là la véritable « prière », alors que le fatras du commerce qui encombrait ce lieu les tenait éloignés et laissés-pour-compte sans état d'âme ? On objectera que la loi le prescrivait, ou, en d'autres termes, qu'ils n'étaient pas *casher*, qu'ils ne « convenaient » pas en ce lieu (Lv 21,16-24, relu en 2 S 5,8). Et si ce qui est *casher*, c'est-à-dire qui « convient » à Dieu, était de redonner vie, de guérir, de remettre debout ? Il faut lire le verset suivant.

Versets 15 et 16 : Or, les grands prêtres et les scribes, ayant vu les prodiges…

v. 15 Or, les grands prêtres et les scribes, ayant vu les prodiges qu'il avait faits et les enfants qui criaient dans le temple et disaient : « Hosanna au fils de David ! », s'irritèrent v. 16 et ils lui dirent : « Tu entends ce que disent ceux-ci ? »

Ce verset est étonnant. On a le sentiment de voir se dérouler devant nos yeux la scène décrite, les prodiges réalisés par Jésus et les acclamations des enfants « dans le temple » — le terme est à nouveau répété ! Pourtant, tout est dit en un propos rapporté, ou même, plus précisément, à travers le regard des grands prêtres et des scribes (« ayant vu »). Les adversaires de Jésus sont bel et bien spectateurs de ce qui se passe, puisqu'ils « voient » tout à la fois les prodiges et les enfants qui acclament Jésus. Ils « voient » les acclamations. Qu'entendent-ils ? Probablement peu de choses puisque tout leur blesse l'oreille depuis l'entrée de Jésus dans la ville. Ils interrogent toutefois Jésus sur ce qu'il « entend ». Ils ne sont délibérément pas en phase avec ce qui se déroule sous leurs yeux.

La forme grammaticale de la phrase, ici, est curieuse et souligne ce décalage. « Les grands prêtres et les scribes s'irritèrent ». Telle est la proposition principale. Tout le reste vient comme une incise : « ayant vu les prodiges qu'il avait faits et les enfants qui criaient dans le temple et disaient : "Hosanna au fils de David !"… » Matthieu aurait pu décrire cette scène. Il la laisse au murmure intérieur des grands prêtres et des scribes qui, s'irritant, offrent le même spectacle assez pitoyable que « toute la ville » au v. 10, pour n'articuler qu'une bribe de question : « Tu entends ce que disent ceux-ci ? »

Les prodiges sont oubliés dans la question. Ne demeure que l'acclamation des enfants désignés, étonnamment, par l'article défini : « les enfants », comme s'il s'agissait d'un générique à entendre de façon large parlant de tous les enfants et les petits. Ils « crient » le « Hosanna au fils de David » quand les adversaires de Jésus, maîtres des Écritures (scribes) et du lieu (grands prêtres), bredouillent leur question comme si elle devait s'étouffer dans leur parole. Le temps des verbes le souligne, comme lors de l'entrée de Jésus dans la ville. La question posée à Jésus par ses adversaires est au passé simple, le temps d'un cri ou d'un soupir, quand le cri des enfants s'établit dans le temps et emplit le temple, ce qu'indique l'imparfait.

Les commentateurs se sont interrogés sur la présence des aveugles et des boiteux dans le temple, dans lequel il leur était interdit d'entrer (Lv 21,17-23, complété par 2 S 5,8), et également sur celle des enfants : d'où viennent-ils donc ? Ce détail du récit ne semblait pas logique. Mais ce n'est apparemment pas un détail, et il est profondément théologique, ce que le verset suivant exprime lumineusement. On observera que le cri

— rapporté — des enfants établit dans le temple une réplique des acclamations des foules sur le chemin, plaçant les deux lieux en écho et inscrivant dans le temple le rappel de l'identité messianique de Jésus.

Verset 16 : Mais Jésus leur dit :
« Oui. N'avez-vous jamais lu…

v. 16 Mais Jésus leur dit : « Oui. N'avez-vous jamais lu que : "De la bouche des tout-petits et des nourrissons, tu t'es ménagé une louange" ? »

Les grands prêtres et les scribes ont posé une question… ou l'ont murmurée, Jésus leur répond de façon claire : « oui » (*cf.* Mt 5,34-37). Mais il leur adresse aussi une question cinglante : « N'avez-vous jamais lu […] ? » C'est la réception et l'accueil des Écritures qui sont en cause, et le « jamais » qui ponctue la question est accablant pour les maîtres en Écritures que sont les scribes et leurs alter ego ici, les grands prêtres. Jésus cite un psaume, la prière qui habite le cœur de tout juif, au point d'être dite… par (le) cœur, ce qui à l'évidence leur manque en cet instant.

Le psaume 8, que Jésus cite, chante la grandeur de l'homme au cœur de la Création : « À peine le fis-tu un peu moindre qu'un dieu ». Il affirme aussi que c'est « par la bouche des tout-petits » qu'est chantée la majesté de Dieu plus haute que les cieux (« aux plus hauts des cieux », acclamaient les foules !). Cela est mis en œuvre ici par les enfants, Jésus l'affirme. Il interroge les grands prêtres et les scribes sur leur façon de lire, c'est-à-dire de comprendre l'Écriture, de la saisir en même temps que ce qu'ils voient et entendent. Une telle lecture interprète et éclaire ce qui est vu, perçu, entendu, y laissant place à la vision de Dieu. Elle est à ce titre révélation. L'Écriture, sinon, demeure lettre morte. Elle peut même être mortifère si l'on en croit les laissés-pour-compte que Jésus accueille dans le temple, alors qu'on les en tenait éloignés et privés de salut, au nom de ce qui est écrit et de la loi.

Cieux et terre convergent dans la réponse de Jésus, puisque la louange des « tout-petits » résonne « jusqu'aux cieux », comme l'indique plus longuement le verset du psaume que Jésus cite. Cette louange trouve son lieu le plus favorable, non pas chez les « grands » prêtres ni dans leur culte insensé, mais dans le cœur des petits, et même des « nourrissons », des enfants « à la mamelle », dit le terme grec. L'étymologie du mot « enfant » en français rendrait compte du paradoxe exprimé ici par Jésus. L'*infans* est celui qui ne parle pas, qui est sans mots. Le Seigneur fait de ceux-là une louange qui chante sa « majesté, plus haute que les cieux ».

Les limites du temple sont dès lors caduques quand il s'agit de la juste louange adressée à Dieu. L'homme est appelé, pour s'y associer, à renaître. Notre récit offrirait ainsi, en filigrane, un magnifique écho à ce que l'évangile de Jean exprime en parlant de Nicodème, cet homme venu de nuit trouver Jésus pour l'interroger, et qui, étonné des paroles de Jésus, lui demandait : « Comment un homme peut-il naître quand il est vieux ? » (Jn 3,1-10). Les grands prêtres et les scribes ne seraient-ils pas appelés à une telle renaissance, jusqu'à retrouver la limpidité de la louange des enfants, des tout-petits, des nourrissons ? Matthieu ouvre, du moins, ce chemin à son lecteur.

VERS BÉTHANIE, HORS DE LA VILLE (V. 17)

Verset 17 : Les quittant, il sortit…

v. 17 Et, les quittant, il sortit hors de la ville vers Béthanie et passa la nuit là.

La fin du récit est abrupte. C'est encore Jésus qui a l'initiative, comme il l'a eue de part en part de cet épisode essentiel. Ce qui concerne les grands prêtres et les scribes est dit d'un mot, d'un participe qui pourrait presque sembler anodin, si on ne lisait le verset que comme une information. Mais il faut mesurer tout ce que signifient ces deux mots en incise : « les quittant ». Jésus laisse les grands prêtres et les scribes, qui étaient, tout au long de cette séquence, ses seuls interlocuteurs.

Les aveugles et les boiteux, les enfants, ont disparu du récit, comme les foules à l'entrée de la ville, comme si les uns et les autres étaient emportés par la louange élevée jusqu'aux cieux. Chaque acteur a joué pleinement sa partition, participant à révéler l'identité profonde de Jésus. Lui plante là les grands prêtres et les scribes et le fatras du temple bouleversé et en « séisme »... lui aussi. Changeurs, vendeurs et acheteurs ont quitté les lieux dès l'entrée de Jésus, qui les en a chassés. Le temple est vide désormais, puisque sa véritable identité — de lieu de guérison, de restauration de tout être blessé, permettant de recouvrer la beauté de la pleine image de Dieu (Ps 8) — semble tellement incompatible avec ce que les maîtres du lieu y protègent et y entretiennent.

Le psaume 8 chante la beauté de la Création et la grandeur de l'homme en son sein. Jésus en rappelle les mots comme la révélation profonde de ce que ses adversaires dénoncent et dont ils s'indignent : les guérisons et les prodiges qu'il vient d'accomplir dans le temple. Telle est la louange qui « plaît à Dieu », pour parler comme Isaïe (Is 58,5), celle qui lui « convient » pour parler comme la loi dont se réclament les scribes. Peut-être en est-ce fini du temple. Certains commentateurs l'ont pensé. Peut-être ont-ils raison et est-ce en effet ce que Matthieu laisse ici entendre.

L'ART DU RÉCIT

Nous venons de lire le récit pas à pas, en montrant comment Matthieu l'agence pour tracer l'identité de

Jésus. Il n'est pas inintéressant d'observer comment sa mise en œuvre travaille, presque malgré lui, le lecteur.

LE PROJET DU SEIGNEUR DÉPLOYÉ PAR JÉSUS

Jésus est présent tout au long du récit. Il en est le sujet ou l'acteur principal, de part en part. C'est lui qui a l'initiative. Un seul instant, il peut en paraître absent, lorsqu'il envoie les disciples « au village qui est en face » détacher l'ânesse et l'ânon pour les lui apporter. Il est cependant encore éminemment présent là, par l'ordre qu'il a donné et la prescience qu'il a manifestée en indiquant le lieu et le déroulement de ce qui devait se passer.

Dans cette séquence, la parole de Jésus a donné une lumineuse clé d'interprétation en indiquant aux disciples qu'à toute question sur leur geste de délier les animaux, ils répondraient simplement que « le Seigneur en a besoin ». Ainsi le lecteur sait-il que ce qui se déroule est le projet du Seigneur, qu'il cherchera à reconnaître dans le déploiement de ce qui se passe. Les disciples, quant à eux, font ce que Jésus leur a ordonné.

Matthieu donne également beaucoup plus qu'une clé de lecture en rapportant la parole du prophète aux v. 4-5. Jérusalem y est nommée par le nom magnifique de « fille de Sion », qui la désigne dans le Livre d'Isaïe et chez plusieurs autres prophètes ou dans les Psaumes. Tout est à la joie et à l'allégresse pour elle, puisque son roi vient à elle. La joie est redoublée lorsque l'on sait que c'est un roi humble, comme sa monture le montre.

LA JOIE MESSIANIQUE PRISE EN RELAIS !

La parole du prophète permet de reconnaître dans l'ânesse et l'ânon la monture royale et, pour le lecteur, de reconnaître en Jésus le « roi » annoncé. La mémoire biblique se souvient que les rois reçurent l'onction. David la reçut. Elle faisait de lui « l'oint » ou « le messie » de Dieu, ce terme désignant celui « qui a reçu l'onction ». Investi de l'Esprit de Dieu, il mettrait en œuvre son projet (1 S 16 ; 2 R 9,1-6 ; Is 61 ; Ps 72). Ainsi le roi est-il « messie » de Dieu (en Is 45,1, c'est même Cyrus le Perse qui est désigné ainsi !). Mais tant de rois, sinon tous, déçurent. Jésus vient à Jérusalem. La foule anonyme de petits et de pauvres qui l'accompagne est tout entière messianique, puisqu'elle s'associe de si près à sa venue.

Les disciples mettent en œuvre et dépassent, même, l'ordre de Jésus, qui y consent. Ils étendent leurs manteaux sur l'ânesse et l'ânon, et il s'assoit sur eux. Les gestes des disciples se conjuguent à ceux de Jésus, et sont pris en relais par les foules, qui étendent leurs propres manteaux au sol et dépassent ce geste en coupant de surcroît des branches aux arbres pour en couvrir le sol. La reconnaissance et l'acclamation messianiques des disciples et des foules s'amplifient ainsi ou se déploient comme une véritable vague, déferlant de façon croissante.

Il n'est plus fait allusion alors aux ânes. Leur présence est sous-entendue, mais le récit ne les mentionne plus comme tels. Les foules ont pris le relais de la mise en scène messianique, qui semble s'étendre désormais à l'ensemble de l'espace perceptible, puisque les foules « précèdent » et « suivent » Jésus. Les branches coupées aux arbres rapprochent le ciel de la terre, que les manteaux au sol recouvrent. L'acclamation des foules est résolument messianique. Il était question du roi, et c'est en effet le « fils de David » qui est même acclamé comme « celui qui vient au nom du Seigneur ». L'expression est forte. Jean-Baptiste, dans sa prison, avait un jour fait demander à Jésus s'il était « celui qui doit venir » (Mt 11,2-6). Les foules affirment, avec ardeur et en liesse, qu'il l'est en effet, et leur acclamation trouve écho jusqu'au plus haut des cieux.

LA DERNIÈRE VAGUE AU PIED DES PORTES DE LA VILLE

L'entrée de Jésus dans la ville a la force d'une révélation, insoutenable pour la ville en laquelle s'opère un véritable séisme. Le cortège messianique et les multiples signes qui l'accompagnent semblent alors oubliés. Demeurent « les foules », qui continuent d'en porter la mémoire au moment où la ville, en désarroi total et bouleversée, interroge sur l'identité de celui qui vient ! Les foules assurent narrativement le lien entre les deux séquences de l'approche de la ville et de l'entrée de Jésus en ses murs. Un autre aspect de l'identité de Jésus apparaît alors, puisque les foules le désignent comme « le prophète de Nazareth en Galilée ». Le récit a marqué un tournant. Le ton a changé, pour devenir plus grave et plus sobre. Le lecteur pressent un autre moment de la révélation de Jésus, en contexte hostile désormais.

EFFONDREMENT DANS LE TEMPLE

Les foules disparaissent en effet, narrativement du moins. Désormais Jésus fait face aux maîtres du temple et à ceux qui les entourent. Les disciples et les foules accompagnaient Jésus et l'acclamaient, au point que Jésus semblait presque guidé ou mené par elles. Désormais, les rapports s'inversent. Jésus est résolument acteur, face à des interlocuteurs sans parole et qui disparaissent, puisque Jésus les chasse et bouscule leur mainmise sur le lieu. Restent les grands prêtres et les scribes, acteurs tenaces qui resteront présents jusqu'à tenter la victoire sur Jésus dans la Passion, à moins qu'il n'en aille autrement, puisque le récit de Matthieu, comme l'ensemble des Évangiles, se termine par le récit de la Résurrection et de pauvres gardes payés pour témoigner de ce qu'ils n'ont pas vu puisqu'ils dormaient (Mt 28,11-15) ! On avait eu besoin de faux témoins pour le procès de Jésus, en voilà désormais qui sont payés par les grands prêtres et anciens pour témoigner dans le vide.

Dans le temple, tout ce qui ressemble à du commerce a été mis sens dessus dessous, balayé par le geste de Jésus. La voix des prophètes qu'il donne alors à entendre avec force est un rappel implacable pour les grands prêtres et les scribes, invités à comprendre ce qu'est une « maison de prière ».

UNE « MAISON DE PRIÈRE »

Nous avons pu voir comment les guérisons d'aveugles et de boiteux sont mentionnées dans le récit et donc identifiées comme « prodiges » par les grands prêtres et les scribes dans une interrogation indignée, si l'on en croit la façon dont elle s'exprime. Jésus entend-il les acclamations des enfants ? Celles-ci assurent un lien très clair entre ce qui se passe dans le temple et la première séquence du récit, l'approche messianique de Jésus vers la ville. L'ensemble du récit, dans ses différents mouvements, forme bien un tout solide.

Les aveugles et les boiteux ont pu occuper, avec les enfants, la place laissée libre par les vendeurs, les acheteurs et autres changeurs dont Jésus a libéré le temple. Jésus pose les bases ou trace de quelques gestes la figure du temple véritable, « maison de prière » et non « repaire de brigands ». À la question des grands prêtres et des scribes, Jésus répond en rappelant les Écritures et en les interrogeant sur leur lecture ! Ce qui vient de se dérouler est ainsi interprété à l'aune des Écritures, discret rappel du début du récit, où les disciples — et le lecteur — étaient invités à reconnaître dans ce qui allait se dérouler le projet du Seigneur. C'est donc ainsi qu'il faut lire ce texte.

Jésus était, au début du récit, entouré de foules. Il sort seul. Préfiguration de la Passion ?

Lecture en écho

Regard nu et dévoilement

LES HABITS NEUFS DE L'EMPEREUR

Un conte de Hans Christian Andersen (1805-1875), qui n'a *a priori* aucun titre à figurer ici, offrirait un singulier écho au récit que nous venons de lire. Dans « Les habits neufs de l'empereur », connu également sous le titre « Le costume neuf de l'empereur » (1837), un roi entouré de courtisans fait l'objet de toutes les attentions en un vaste ballet de l'illusion, dans lequel tous rivalisent d'égards pour le revêtir d'habits somptueux… qui n'existent pas. Des tisserands réputés experts travaillent nuit et jour sur des métiers… vides, et personne n'ose dénoncer l'imposture, car les vêtements qu'ils confectionnent sont censés être invisibles « aux yeux de ceux qui ne conviennent pas à leurs fonctions ou qui sont purement et simplement idiots ». Le roi est pris à son propre piège, puisqu'il endosse ces magnifiques habits qui n'existent pas, et entre dans la ville en grande pompe.

Jusqu'au moment où un enfant, dans la foule, crie la vérité : « Il n'a pas d'habit du tout ! » Le roi est nu.

« Entendez la voix de l'innocence ! », dit le père. Et chacun murmure à son voisin ce que l'enfant a dit. Puis la foule entière se met à crier : « Mais il n'a pas d'habit du tout ! » L'empereur en frissonne, car il lui semble bien que le peuple a raison, mais il se dit : « Maintenant, je dois tenir bon jusqu'à la fin de la procession. » Et le cortège poursuit inexorablement sa route, et les chambellans continuent de porter la traîne, qui n'existe pas.

Dans le récit de Matthieu, des foules anonymes et des enfants crient la vérité sur Jésus, le roi humble, tandis que les dignitaires et les gardiens du temple veulent les faire taire pour maintenir l'ordre établi, dont Jésus dénonce la vacuité. Le culte dont ils se gaussent est dénué de sens, et même plus, il est contraire à ce qu'est la véritable prière.

Le conte d'Andersen dit une forme de révélation, mais aussi d'effondrement total des apparences, à la manière dont Jésus les dénonce dans le temple, en en révélant la vacuité, le vide, la nudité, le contresens terrible. Que reste-t-il donc du temple ?

Deuxième partie

La polyphonie des Écritures

Prélude

Nous avons choisi le texte de Matthieu (Mt 21,1-17) parce qu'il laisse d'emblée apparaître son lien aux Écritures. Il le fait de multiples façons, nous avons pu le constater déjà ou éventuellement le pressentir. Il nous faut aller plus loin et voir comment ces références constituent une véritable trame qui porte le récit.

Lorsque nous sommes présents à un concert, il est un moment assez étonnant : l'instant d'avant ! Les musiciens sont sur la scène, mais le chef n'est pas encore là. Ce n'est pas encore le concert. Tous accordent leurs instruments, qui sonnent de façon curieuse, sur les notes essentielles à la justesse de chacun. Puis se fait un silence avant les premières notes de la symphonie. De même pouvons-nous laisser éclater désormais pleinement la polyphonie des Écritures inscrite dans le récit.

On aimerait entendre chaque instrument dans son jeu propre, et percevoir comment peu à peu leurs voix se répondent ou se conjuguent. Ainsi des Écritures dans notre récit. C'est désormais notre projet.

UNE PARTITION RICHE !

Le lecteur un peu familier perçoit en effet, dans le récit, l'usage important que Matthieu y fait des Écritures et comment il les tisse en une véritable symphonie. Nous pouvons ne pas l'entendre, si nous lisons rapidement, ou si nous sommes étrangers à ces textes. Mais si nous y prêtons attention, nous entrons dans une sorte de troisième dimension du texte, une profondeur de champ inattendue. Il nous faut donc déchiffrer avec attention la partition quelque peu complexe qu'offre le texte.

CE QUI APPARAÎT À LA SIMPLE LECTURE

Les *citations explicites* de l'Écriture — sous différents modes — ouvrent à la reconnaissance d'*allusions plus discrètes*, et éventuellement à ce que l'on pourrait appeler des *signaux plus faibles.*

On ne peut cependant faire ce repérage qu'avec un minimum de méthode et de rigueur : un mot seul ne peut suffire à rapprocher deux textes. Il doit être étayé par la possible reconnaissance d'un même fil narratif dans l'un et l'autre. C'est un point essentiel. À l'inverse, pouvoir reconnaître ce fil narratif accroît considérablement la lecture du récit, quand deux contextes ou deux trames sont rapprochés ou conjugués et donnent à entendre deux histoires superposées l'une à l'autre, comme dans certains livres d'enfants dans lesquels la découverte, par calques successifs, est progressive.

DES APPELS CLAIRS À L'ÉCRITURE

À plusieurs reprises, dans le récit, est fait un appel très clair à l'Écriture. Il nous faut donc partir de là pour avancer dans l'observation.

Nous lisons ainsi au v. 4 la citation magistrale qu'en fait Matthieu, insérée dans l'une des dix « formules d'accomplissement » que compte son Évangile. De même au v. 13, où Jésus affirme solennellement : « Il est écrit ». Suit une citation qui conjugue Is 56,7 et Jr 7,11, dénonçant l'usage fait du temple par les prêtres, scribes et autres gardiens du lieu. Au v. 16, l'introduction est un peu différente : « N'avez-vous jamais lu ? » Nous reconnaissons alors sans peine le psaume 8,3, mais nous aurons, en bonne méthode, à le vérifier[1].

Ce sont là des citations ou des appels clairs à l'Écriture, le narrateur en donne l'indication de façon explicite.

---

1. Nous le ferons dans les chapitres qui viennent. On trouvera une analyse détaillée, comme indiqué au début du livre, dans J. Nieuviarts, *L'entrée de Jésus à Jérusalem (Mt 21,1-17)*, *op. cit.* Les chapitres qui s'ouvrent en utilisent les résultats.

DES PAROLES ASSEZ AISÉMENT RECONNAISSABLES COMME PROVENANT DES ÉCRITURES

Peut-être pouvons-nous encore reconnaître sans crainte dans l'acclamation des foules au v. 9 (reprise dans le temple par les enfants au v. 15) un renvoi ou même une citation du psaume 118 (117), qui accompagne en particulier Sukkôt et la montée du peuple en fête vers le temple à l'occasion de cette fête.

D'autres expressions supposent aussi, pour être comprises, la mémoire des Écritures :

- Le « fils de David ». Lorsque l'expression est utilisée dans le Nouveau Testament, elle désigne ou interpelle toujours Jésus, sauf une fois, au début de l'Évangile, où le titre est associé à Joseph (Mt 1,20). Cela invite à rapprocher notre texte des récits de l'enfance de Jésus (Mt 1-2), où apparaissent également plusieurs citations de l'Écriture insérées dans des « formules d'accomplissement » (comme celle présente ici, au v. 4).
- La « fille de Sion ». Le terme renvoie aux psaumes et aux prophètes, qui utilisent cette expression pour désigner Jérusalem comme ville aimée de Dieu et qu'il a choisie pour y établir sa demeure. Elle forme pendant, dans le récit, au fils de David, en

un discret signe de jeunesse, de nouveauté, nous l'avons évoqué.

JUSQU'OÙ RECONNAÎTRE LA TRACE DES ÉCRITURES ?

- *Le « mont des Oliviers »* pourrait n'être qu'une simple indication géographique ou topographique. Il rappelle cependant au lecteur familier de la Bible les récits concernant David et sa fuite devant Absalom (2 S 15,30-32), et aussi les mots du prophète Zacharie annonçant la *venue du Seigneur*, aux temps eschatologiques, au sommet du mont des Oliviers qui se fendra par le milieu (Za 14,4).
- *L'ânesse et l'ânon ?* Il en est tant dans la Bible, mais Matthieu cite ici Zacharie (Za 9,9), qu'il semble bien conjuguer avec Gn 49,11, dans l'évocation aussi de 1 S 6,7-8, récit du retour solennel de l'arche d'alliance à Jérusalem, nous le verrons. Ce ne sont plus, en ce cas, tous les ânes de la Bible qui sont appelés dans le récit de Matthieu, mais résolument des ânons évoquant les temps messianiques.
- *Les manteaux étendus sur le sol et les branches coupées aux arbres* pourraient de même être vus comme l'expression d'un geste spontané des foules. Mais la mémoire biblique conduit à se souvenir, à l'évocation de tels gestes, de l'intronisation de Salomon

(1 R 1,28-40) et de celle de Jéhu (2 R 9,1-13), peut-être aussi, plus discrètement, de la fête de la dédicace du temple après qu'il a été souillé au temps de la persécution grecque, que raconte le Livre des Maccabées (1 M 4,36-61). Ces gestes deviennent alors mise en œuvre d'une intronisation royale.

- *Le « prophète »* du v. 11 peut étonner. La foule vient d'acclamer Jésus comme « celui qui vient » (expression messianique) et « fils de David ». Pourquoi dès lors cet autre titre ? Évoquerait-il « le » prophète à venir que le peuple écoutera, dont parle le Livre du Deutéronome (Dt 18,15), ou déjà, narrativement, le conflit entre Jésus, les grands prêtres et les scribes sur l'autorité de sa parole (Mt 21 et suiv.) ?
- *Les « aveugles et boiteux » dans le temple* surprennent également. La loi ne leur interdit-elle pas d'y entrer (Lv 21,16-18) ? Et il faut lire 2 S 5,6-8 (selon le texte grec) : David fut tancé par ceux qui l'entouraient lorsqu'il voulut monter d'Hébron pour prendre Jérusalem. Aveugles et boiteux suffiraient à l'en empêcher. Et David en son cœur les maudit ! Ils sont ici accueillis par le fils de David.
- Quant aux *enfants dans le temple,* ils semblent bien être là comme ils le sont à plusieurs moments de l'Évangile (Mt 18,3 ; 19,13-15). Mais leur présence est bonne pour l'appel de Jésus à l'Écriture et la référence au psaume 8.

PLUSIEURS MODES D'APPEL À L'ÉCRITURE

La partition indique selon quelles modalités doivent être interprétés les différents mouvements : *allegro, allegro ma non troppo, adagio, andante, [de]crescendo*… Matthieu, de même, joue de plusieurs registres, et en ce qui nous concerne, cite les Écritures ou y fait référence de plusieurs manières, et la mise en œuvre qu'il en fait est particulièrement riche. Relisons la partition.

UNE CITATION D'ACCOMPLISSEMENT, DANS LA BOUCHE DU NARRATEUR (V. 4-5)

En tout premier lieu, le lecteur rencontre, dans le récit, la citation magistrale de l'Écriture, solennellement introduite par Matthieu. Car c'est bien lui, en tant que narrateur, qui affirme : « Ceci advint pour que s'accomplît la parole dite à travers le prophète. » L'introduction de la citation est complexe et redondante, nous l'avons vu : la parole du prophète est prise en relais par Matthieu et résonne dans le récit comme un appel lancé en style direct ! Les v. 4-5 sont particulièrement riches en ce qu'ils montrent la façon dont Matthieu utilise les Écritures et s'y réfère. En scribe avisé du royaume (Mt 13,52), il conjugue en ces versets plusieurs textes qu'il sera bon de relire, en particulier Za 9,9 ; Is 56,11 et peut-être So 3,14. Ces versets sont un appel magistral aux Écritures.

L'APPEL DE JÉSUS À L'ÉCRITURE FACE AUX VENDEURS ET ACHETEURS DANS LE TEMPLE

Face aux vendeurs et acheteurs dans le temple, Jésus renvoie en effet à l'Écriture : « Il est écrit ! » La citation conjugue alors Is 56,7 et Jr 7,11, le contexte rappelant les derniers mots du Livre de Zacharie (Za 14,21). Il est intéressant de le mentionner, car nous avons déjà entrevu ce chapitre de Zacharie dans l'évocation du mont des Oliviers.

L'APPEL À LA LECTURE DES ÉCRITURES, LANCÉ PAR JÉSUS AUX GRANDS PRÊTRES ET AUX SCRIBES

Face aux grands prêtres et aux scribes, Jésus en appelle aux Écritures, et plus exactement à leur lecture — et à leur interprétation ! : « N'avez-vous jamais lu… ? », dit Jésus, renvoyant au psaume 8, qui à ses yeux — mais pas aux leurs ! — est pleinement en situation en ce lieu et en cet instant.

L'ACCLAMATION DES FOULES SUR LE CHEMIN ET DES ENFANTS DANS LE TEMPLE DANS LES MOTS DU PSAUME

L'acclamation des foules sur le chemin met en œuvre le psaume 118 (117) à la manière même du psaume, en style direct, qui est celui de la prière. La parole est ici adressée, sous forme d'acclamation, à Jésus.

UNE ALLUSION DISCRÈTE AU PSAUME 23 ?

Pouvons-nous dès lors entendre dans le v. 10 une citation implicite du psaume 23 dans la bouche de « toute la ville » lorsque Jésus entre à Jérusalem ? Peut-être. Ce psaume serait en contexte. Il met en œuvre l'accueil du pèlerin arrivant au temple par les prêtres chargés de cet accueil. Le pèlerin reconnaît-il dans le temple la demeure du « roi de gloire », « le Seigneur » ? Le début de ce scénario tourne court, car « la ville » ne veut même pas entendre parler ici du prophète de Galilée, et les grands prêtres et les scribes en signifieront le refus total dans le temple, tandis que le psaume 23 évoque l'accueil du Seigneur !

RAPPEL

La partition est déchiffrée : chacun de ses éléments et les indications de lecture, des plus claires aux plus subtiles, qu'il nous faudra vérifier. C'est d'ailleurs cela qui est l'enjeu de cette seconde grande partie de notre étude.

DEUX RÉCITS À ENTENDRE EN MÊME TEMPS

Citées, discrètement utilisées ou simplement présentes sous forme d'évocations, les Écritures dont nous venons d'identifier la présence font intervenir dans une écriture — celle de Matthieu — une autre écriture, antérieure, choisie et reprise pour y être utilisée. Pourquoi l'est-elle ? Le discours ainsi [r]appelé revêt, sur le plan de la signification, une double valeur : celle qui est attachée à son contexte d'origine, et celle qui découle de son insertion dans un nouveau contexte, celui du récit de Matthieu, comme citation ou allusion.

La citation transporte toujours avec elle quelque chose — un quelque chose à définir — de sa signification première et de son lien au contexte original. Elle demeure en quelque sorte gorgée de cette première signification, qui se transforme éventuellement dans sa nouvelle mise en discours, mais ne disparaît pas. Elle en enrichit le récit dans lequel elle s'insère. La citation — ou l'allusion — fait en quelque sorte entendre dans le récit une autre voix que celle qui parle : deux histoires ou deux paroles sont rapprochées et données à entendre ensemble, en superposition ou en discrète stéréophonie, un même thème en deux dimensions. En contrepoint du récitatif, la citation ouvre une véritable polyphonie, qui est part intégrante de l'œuvre.

La citation conjugue ainsi toujours lecture — du texte initial — et écriture, mais la nouvelle écriture en est nécessairement transformée.

CITER !

Peut-être faut-il se souvenir que le mot citation vient du latin *citare*, qui signifie « mettre en mouvement, déplacer ». « Le témoin qui vient à la barre, écrit X. Durand, ne vient pas [...] de lui-même, il est *cité* pour prendre la parole. Et il vient s'introduire en tiers dans la relation entre la justice et l'accusé. C'est de son intervention que peut venir du neuf dans le procès en cours [...]. Citer, ce n'est pas emprunter des paroles pour se dissimuler derrière elles, mais laisser parler le texte cité à l'intérieur du texte où il prend place. C'est donc une façon de mettre en mouvement un texte. »[1] Citer, c'est donc toujours autori-

1. « Citer la Bible », *Masses ouvrières* 378 (1982), p. 57-68, ici p. 59. Citer, c'est écouter, c'est choisir, c'est lire, écrit l'auteur. La citation ouvre un débat. « La liberté de celui qui fait appel à un texte reste entière, elle ne sera mesurée que par l'efficacité de la citation qu'il insère dans

ser, au sens étymologique de ce mot, c'est-à-dire accroître, augmenter l'un et l'autre textes !

Mais vaudrait pour notre récit ce que la linguiste M. R. Mayenowa souligne : « Dans des textes culturellement éloignés ou tout à fait étrangers, on est souvent incapable d'identifier les expressions guillemetées. *Une grande partie de l'information que portent ces textes se perd alors sans profit et, qui pis est, l'information qu'on reçoit est déformée. Ces textes deviennent plats.* »[1] À l'inverse pour nous, décoder et reconnaître les différents appels que Matthieu fait à l'Écriture en ouvre le sens.

Nous parlons ici volontiers en termes de musique, de partition, de mouvements, de polyphonie, d'un phénomène littéraire habituellement désigné sous le nom d'intertextualité, qui signifie le fait d'écrire un texte à partir d'éléments d'un ou de plusieurs autres textes[2]. Il

---

son texte, [pour qu'elle joue un rôle] d'appui véritable [...] de mise en mouvement pour le texte où [elle est] insérée » (p. 67-68).

1. M. R. Mayenowa, « Expressions guillemetées : contribution à l'étude de la sémantique du texte poétique », dans C. H. Van Schooneveld, *Signe, langage, culture. Studia Memoriae Nicolai Van Wijk dedicata*, La Haye-Paris, Mouton, 1970, p. 645-657, ici p. 656 (nous soulignons). Voir, dans le même volume, la contribution d'A. Wierzbicka, « Descriptions or Quotations ? » (p. 627-644) : « [...] une analyse qui traiterait de tels éléments hétérogènes sur le même niveau que le texte de base, écrit-elle, serait de toute évidence erronée » (p. 627).

2. *Cf.* G. Genette, *Palimpsestes. La littérature au second degré*, Paris, Seuil, 1982, p. 8. Voir encore J.-J. Lavoie, « L'intertextualité », dans *La*

est de multiples façons de le faire, comme nous venons de l'observer dans le récit de Matthieu : par des citations explicites, éventuellement des citations implicites ou des allusions… Il faudra se souvenir cependant qu'un mot seul ne peut suffire à rapprocher deux textes. Il doit être étayé par la possible reconnaissance d'un même fil narratif dans l'un et l'autre récits. À l'inverse, pouvoir reconnaître ce fil narratif accroît considérablement la lecture du récit, dans lequel deux contextes ou deux trames sont superposés ou conjugués, et donnés à lire ensemble. Plus les indices de citations implicites ou d'allusions sont ténus, plus il importe qu'il y ait un faisceau ou une convergence d'indices. En clair, l'ânesse et l'ânon de l'entrée de Jésus à Jérusalem n'appellent pas l'ensemble des ânes de l'Ancien Testament, pas plus que les branches coupées aux arbres n'évoquent tous les arbres de la Bible.

LA LIBERTÉ DE MATTHIEU

En citant les Écritures, Matthieu crée avec audace. Il s'inscrit dans la tradition juive de liberté multiforme dans la lecture des Écritures, pour laquelle la référence peut-être le livre ou seulement la phrase, le mot ou même la

---

pensée du Qohélet. Étude exégétique et intertextuelle, Héritage et projet 49, Québec, Fides, 1992, p. 31-37 (contient de nombreuses références bibliographiques).

lettre. Ainsi les textes s'appellent-ils entre eux, comme dans le récit de Matthieu. Il peut dès lors combiner des citations de plusieurs prophètes en une seule (un même mot présent dans les deux textes les rapproche), attribuée « au prophète » (sans précision de nom) ou à l'un des prophètes (*cf.* Mt 8,17 ; 15,7). Ce qui paraîtrait arbitraire au lecteur moderne est parfaitement naturel pour le lecteur juif[1].

C'est ainsi que Matthieu élargit son récit à un au-delà de lui-même pour sa lecture ou sa pleine compréhension, invitant à laisser résonner un corpus beaucoup plus large, qui l'inspire et le tisse. Gorgé d'Écritures, le récit invite à cette lecture en écho.

LE RECOURS AUX ÉCRITURES

Si nous pouvons observer comment s'opère chez Matthieu le tissage très fin des Écritures, un regard

1. Les études sur les méthodes juives d'exégèse ne manquent pas, on pourra s'y référer. Pour citer quelques grands classiques : J. Bonsirven, *Exégèse rabbinique et exégèse paulinienne*, Bibliothèque de théologie historique, Paris, Beauchesne, 1939 ; P. Grelot et M. Dumais, *Homélies sur l'Écriture à l'époque apostolique*, dans A. George et P. Grelot (dir.), *Introduction à la Bible*, édition nouvelle, t. III : *Le Nouveau Testament*, vol. 8, Paris, Desclée de Brouwer, 1989 ; mais aussi D. Banon, *Le bruissement du texte. Notes sur les lectures hebdomadaires du Pentateuque*, Genève, Labor et Fides, 1993.

sur les deux épisodes correspondant chez Jean à notre récit (entrée à Jérusalem et purification du temple ; Jn 12,16 ; 2,22), montre comment a pu s'opérer peu à peu, dans l'élaboration des Évangiles, la relecture des événements selon les Écritures, dans le souvenir des paroles de Jésus et à la lumière de la résurrection. C'est à cet éclairage que Matthieu écrit son récit et peut lui donner la force que les chapitres qui viennent nous permettront de percevoir, au-delà de ce que la simple lecture peut laisser paraître.

Premier mouvement

La venue du Seigneur à Sion

Ce chapitre et les suivants voudraient inviter à traverser le texte par l'envers du décor, pour percevoir comment s'y tissent les Écritures et comment elles travaillent le récit, comment elles en orientent et en construisent la trame. Invitation au voyage au pays — ou dans l'arrière-pays — des Écritures, afin d'entendre résonner plus vivement le texte dans des accents que nous avons pressentis, mais que nous avons besoin d'écouter.

AU MONT DES OLIVIERS

Le récit s'ouvre au mont des Oliviers. Matthieu le souligne : « Quand ils *approchèrent* de Jérusalem et *arrivèrent* à Bethphagé, *au mont des Oliviers, alors Jésus envoya deux disciples*... » L'ordre que Jésus donne à ses disciples d'aller au village d'en face chercher l'ânesse et l'ânon suspend le temps en ce lieu pour un geste essentiel (v. 3 : « le Seigneur en a besoin »). Puis résonneront la voix du prophète, que le narrateur donne à entendre avec force (v. 4-5), et les acclamations des foules sur le chemin, accompagnées de leurs gestes empressés autour de Jésus (v. 6-9). C'est donc au mont des Oliviers qu'il faut nous arrêter nous aussi, le temps du détour des Écritures.

Le récit déploie deux espaces qui se font face et où se dérouleront successivement les deux moments de l'action (v. 1-9 et 12-17). Sur le mont des Oliviers résonne dans l'allégresse la joyeuse acclamation messianique au « fils de David » qui « vient », monté sur « un ânon, le petit d'une bête de somme ». Dans le temple, ce sera la confrontation très rude entre Jésus et les maîtres du lieu, grands prêtres et scribes. L'entrée dans la ville fait narrativement le lien entre ces deux moments, dans un climat étouffé de réprobation et de refus aux allures de « séisme » (v. 10-11). Sur le mont des Oliviers se déroule, dans un climat d'adhésion et de joie totales, le projet du « Seigneur » (v. 3).

Le mont des Oliviers est familier au lecteur des Évangiles[1]. C'est là que Jésus se retire à plusieurs reprises le soir, en particulier durant les jours qui précèdent la Passion (Luc le dit le plus clairement [Lc 21,37]). Sa mention

1. On trouvera des éléments bibliographiques intéressants sur le mont des Oliviers dans G. Dalman, *Les itinéraires de Jésus. Topographie des Évangiles*, Paris, Payot, 1930, p. 339-349. Voir aussi « Le mont des Oliviers : des ténèbres de l'agonie à la gloire de l'ascension » (collectif), *Le monde de la Bible* 55, 1988.

au début de notre récit n'est-elle qu'une indication topographique ? Matthieu a d'autres usages[1].

Le mont des Oliviers est mentionné douze fois dans le Nouveau Testament[2], mais n'est expressément nommé que deux fois dans l'Ancien. On trouve cette double mention dans un même verset du prophète Zacharie (Za 14,4), ce qui invite à le lire et plus largement l'ensemble du chapitre, en y prêtant attention. Le mont des Oliviers y est associé à l'intervention « du Seigneur » à la fin des temps, au jour du jugement de son peuple et des nations (14,2-4.9). Za 14 se termine aussi par l'évocation de Sukkôt (14,16)[3], dont le scénario est très proche de ce que nous lisons chez Matthieu (Mt 21,1-9).

Ce premier regard sur les textes est instructif, puisqu'il mène à la *seule* mention explicite du mont des Oliviers

1. *Cf.* V. Mora, *La symbolique de la création dans l'Évangile de Matthieu,* Lectio divina 144, Paris, Cerf, 1991, en particulier les chap. 5, 6 et 7 (p. 71-94). L'auteur parle d'« *orographie christologique* » (p. 20). Ainsi les monts ou montagnes ont-ils souvent valeur symbolique dans l'Évangile de Matthieu, de même d'ailleurs que la mer. En plus de la désignation d'un lieu, il faut y entendre une indication théologique ou christologique : il s'agit ici de la révélation concernant Jésus.

2. Dix fois dans les synoptiques, et uniquement à partir de l'entrée de Jésus à Jérusalem (Mt 21,4 ; 24,3 ; 26,30 ; Mc 11,1 ; 13,3 ; 14,26 ; Lc 19,29 ; 19,37 ; 21,37 ; 22,39), ainsi qu'en Jn 8,1 et Ac 1,12.

3. *Cf.* J. Asurmendi, « La gloire de Dieu sur la montagne qui est à l'Orient », *Le Monde de la Bible* 55, 1988, p. 7. Marc semble aussi faire référence à Za 14,21 dans l'épisode du temple (Mc 11,16).

dans tout l'Ancien Testament. Zacharie (Za 14) présente une vision eschatologique dont l'acteur central est le « Seigneur », venant en ce lieu au temps du jugement. Alors, précise le texte, « *le Seigneur sera roi* sur toute la terre ; en ce jour-là, *le Seigneur sera unique*, et unique, son nom » (v. 9), et « tous les survivants des nations qui auront marché contre Jérusalem monteront année après année se prosterner devant *le roi Seigneur de l'univers*, et célébrer la fête des Tentes » (v. 16). On trouve en peu de versets dans ce texte des convergences très claires avec le récit de Matthieu, une problématique commune et plusieurs termes qui traversent l'ensemble de son récit, pour affirmer la royauté du Seigneur sur l'univers et la fête de Sukkôt appelée à le célébrer.

L'Ancien Testament présente quelques autres *allusions* au mont des Oliviers. Il s'agit à deux reprises de David, en fuite (1 S 21,2-10 et 2 S 15, 30-37), et de Salomon son fils, qui y fit édifier des hauts-lieux aux divinités étrangères (2 R 23,13). Dans tous les cas, il s'agit bien du mont des Oliviers, mais il n'est pas nommé comme tel. Ézéchiel présente une dernière allusion (Ez 11,23, à lire dans l'ensemble plus vaste 10,4–11,23). Elle est particulièrement intéressante pour nous, puisqu'elle est liée au départ de la « gloire de Dieu » de son temple. De façon peut-être analogue, Jésus, dans la suite de notre récit, entre dans le temple et y bouleverse l'ordre établi — ou le désordre qui y règne —, puis quitte le temple. Ézéchiel décrira sobrement le retour de la gloire de Dieu, « depuis l'Orient », dans la ville renouvelée et dans son sanctuaire : « c'est là, dit le Seigneur, l'emplacement de mon trône et la place de mes pieds. C'est là que j'habiterai, au milieu des fils d'Israël, pour toujours » (43,7).

Ce sont là les principales mentions du mont des Oliviers dans l'Ancien Testament. Il sera parfois appelé plus tard *har ha-michkhâ*, la montagne de l'onction[1]. Au temps de Jésus existait la conviction que le Messie apparaîtrait sur le mont des Oliviers.

LA VENUE DU SEIGNEUR

La mention du mont des Oliviers nous oriente ainsi de façon privilégiée vers Zacharie (Za 14), qui décrit longuement *la venue du Seigneur* sur le *mont des Oliviers* au jour du jugement de son peuple et des nations. Elle introduit aussi la figure de *la royauté du Seigneur*. Mais de qui Jésus parle-t-il quand il enjoint aux disciples de répondre à toute question sur leur geste de détacher

---

1. *Cf.* G. Dalman, *Les itinéraires de Jésus*, *op. cit.*, p. 341, n. 1. On trouvera les principaux éléments du dossier concernant le mont des Oliviers dans la littérature rabbinique dans H. L. Strack et P. Billerbeck, *Kommentar zum Neuen Testament aus Talmud und Midrash,* 5e éd., Munich, Verlag C.H. Beck, 1969, t. I, p. 840-842.

l'ânesse et l'ânon : « le Seigneur en a besoin ! » (v. 3) ? Parle-t-il de lui-même, puisque c'est lui qui fera usage de ces animaux ?

QUI DÉSIGNE CE TITRE ?

Le terme français « seigneur » traduit le grec *kyrios*, par lequel la Bible grecque rend le tétragramme divin *YHWH*. Il s'agit là d'un titre très fort, puisqu'il est la traduction du nom que Dieu communiqua à Moïse comme son nom propre, dans le buisson ardent (Ex 3,14-15). La très ancienne hymne au Christ que rapporte l'épître aux Philippiens montre comment ce titre fut également attribué à Jésus. Sa dernière phrase l'exprime de façon ample : « que toute langue proclame "Jésus Christ est Seigneur" à la gloire de Dieu le Père » (Ph 2,11). Lorsque Paul insère dans sa lettre (vers 62 ?) cette hymne en forme de profession de foi, elle est déjà connue. Paul la cite comme un bien commun de l'Église naissante. Le titre « Seigneur », réservé à Dieu dans l'ensemble de la Bible en langue grecque, fut ainsi peu à peu attribué également au Christ, en référence ou « à la gloire » de Dieu le Père. C'est en ce sens que les premières professions de foi rapportées par les lettres de Paul et les Actes des apôtres utilisent ce titre sans ambiguïté pour désigner Jésus (*cf.* Rm 10,9 ; 1 Co 12,3 ; Ac 2,36 ou 11,20).

Matthieu, plus que les autres évangélistes, l'utilise volontiers en ce sens fort[1]. Dans le récit de la tempête apaisée, par exemple, c'est ainsi que les disciples interpellent Jésus, en une supplication aux accents clairement liturgiques : *kyrie sôson.* C'est le grand *Kyrie eleison* de l'Église que Matthieu fait résonner dans ce récit, qui dit en effet plus qu'une tempête apaisée sur le lac, celle que les disciples et l'Église rencontreront souvent quand, à la suite de leur Seigneur, ils partiront au large. L'évangéliste, dès lors, désigne Jésus par le titre de Seigneur dans sa pleine signification : il est le Seigneur de la foi (Mt 8,25).

Matthieu fait un même usage de ce titre dans un autre récit de tempête apaisée, quelques chapitres plus loin (Mt 14,30). Plus d'une fois, il a laissé entendre ce dépassement des appellations par lesquelles Jésus est désigné, par ceux qui le suivent aussi bien que par ses adversaires (Mt 12,41-42 ; 22,42-45). Dans ses chapitres inauguraux, communément appelés récits de l'enfance, Matthieu a d'emblée déployé une fresque qui donne à entendre l'identité profonde de Jésus, conçu de l'Esprit saint (Mt 1,18-25), et que Pierre reconnaît dans la fulgurance d'une parole de foi comme « le Fils du Dieu vivant » (Mt 16,16).

Le lecteur de Matthieu est riche de la traversée de ces chapitres lorsqu'il aborde le récit de l'entrée de Jésus à

1. Au sens courant, le mot désigne le seigneur ou le maître, éventuellement l'époux.

Jérusalem et dans le temple. Il lui faut les garder à la mémoire. Se souvenir également de la façon dont un lecteur juif de la Bible associe les textes, par le biais d'un mot — parfois d'une lettre —, surtout quand à l'évidence ces textes convergent sur le fond.

LE TISSAGE DES TEXTES

La suite du récit dira l'humilité de ce messie monté sur un ânon. Le lecteur de Matthieu est préparé à l'entendre. Il a encore quelque peu en tête les béatitudes, dans lesquelles Jésus proclamait « heureux les humbles » (Mt 5,1-10). Jésus a également invité ceux qui l'écoutent à prendre son joug car il est léger, ajoutant « je suis doux et humble de cœur » (11,25-30). Nous aurons l'occasion de croiser plusieurs fois ce chapitre important de l'Évangile de Matthieu. Mais il nous faut observer ici un lien qui apparaîtra plus nettement dans les versets suivants de notre récit, dans l'acclamation des foules à « celui qui vient ». Jean-Baptiste, en effet, depuis sa prison, envoie poser à Jésus la question : « Es-tu *celui qui doit venir* ou devons-nous en attendre un autre ? » (Mt 11,3). S'adressant aux foules, Jésus leur parle alors de Jean-Baptiste, et renvoie en termes à peine voilés aux Écritures, lorsqu'il le désigne comme « celui dont il est écrit : *Voici que j'envoie mon messager en avant de toi pour préparer le chemin devant toi* » (11,10). Ces mots rappellent le Livre de l'Exode (Ex 23,20), mais sont aussi une citation du Livre de Malachie (Ml 3,1), dont la suite immédiate évoque la « venue [du] Seigneur dans son temple ». La suite du récit de Matthieu se trouve dès lors placée, dès son chapitre 11, dans l'éclairage de ce texte de Malachie, qui trouve dans le chapitre 21 de Matthieu sa mise en œuvre.

Le texte de Malachie (Ml 3) — dont Matthieu lui-même a ouvert la lecture dans son chapitre 11 — et celui de Zacharie (Za 14) se conjuguent ainsi dans le chapitre 21 de Matthieu, à la fois par leur thématique et par de solides liens verbaux :

Zacharie (14)	**Malachie (3)**	**Matthieu (21)**
v. 4 En ce jour-là, ses pieds [de YHWH / du **Seigneur**] se poseront sur le MONT DES OLIVIERS qui fait face à Jérusalem vers l'orient. Et le MONT DES OLIVIERS se fendra par le milieu…	v. 1 Voici que ***je vais envoyer*** mon messager, pour qu'il fraye un chemin devant moi	v. 1 Quand ils approchèrent de Jérusalem et arrivèrent […] au MONT DES OLIVIERS, alors Jésus ***envoya*** deux disciples en leur disant…
v. 1 Voici qu'il vient **le jour de YHWH [du Seigneur]**	v. 1 Et soudain ***il entrera dans son sanctuaire***, **le Seigneur** que vous cherchez	v. 3 Si quelqu'un vous dit quelque chose, vous direz : « **Le Seigneur** en a besoin »
v. 21 il n'y aura plus de marchand dans la maison de **YHWH [le Seigneur]** Sabaoth, en ce jour-là.	v. 23 Voici que je vais vous envoyer Élie le prophète, avant que n'arrive le j**our de YHWH [du Seigneur]**, grand et redoutable.	v. 12 Puis ***Jésus entra dans le temple*** et chassa tous les vendeurs et acheteurs qui s'y trouvaient

La mention du mont des Oliviers au chap. 21 de Matthieu peut évoquer à la mémoire du lecteur les récits des Livres de Samuel et des Rois concernant David au moment où sa royauté est contestée, ou encore Salomon, le fils de David, qui y érigea ses hauts-lieux aux divinités païennes. Mais le rapprochement avec le texte de Zacharie (Za 14) est décisif, puisqu'il associe la seule mention explicite du « mont des Oliviers » dans l'Ancien Testament et le texte de Malachie (Ml 3), qui par des liens à la fois verbaux et thématiques soutenus rejoignent notre récit. Le prophète Zacharie associe la venue et la manifestation « du Seigneur » au mont des Oliviers, dans un contexte de révélation aux dimensions eschatologiques. Malachie annonce la venue « du Seigneur »… entrant dans son temple. L'allusion au psaume 23, que nous évoquions plus haut et retrouverons dans la lecture des v. 10-11, trouve ici une possible confirmation.

Ces différents textes se conjuguent, à la fois en raison de leur thématique et de leurs parentés verbales. Leur résonnance dans le récit de Matthieu désigne l'entrée de Jésus dans la ville et dans le temple comme la venue du Seigneur annoncée par Zacharie et Malachie. Élie, selon la prophétie de Malachie, devait être le précurseur de cette venue. Or, Jésus a dit clairement de Jean-Baptiste qu'il était « cet Élie qui doit venir », et il est déjà venu, annonce à peine voilée de la Passion de Jésus lui-même (17,9-13 ; *cf.* 4,12 ; 14,3-12).

LE SEIGNEUR EN A BESOIN !

Resterait à s'interroger sur l'étrange tournure, dans le récit de Matthieu : « Le Seigneur en a besoin » (v. 3). Peut-on imaginer que le Seigneur ait « besoin » d'une ânesse et d'un ânon, lui le maître de tout, dont Malachie et Zacharie disent la venue au mont des Oliviers, pour le temps du jugement ?

L'expression comporte quelque chose d'analogue au fameux « il faut » utilisé à plusieurs reprises par Jésus dans l'Évangile de Luc, une façon de dire avec vigueur que c'est là la réalisation, envers et contre tout, du projet de Dieu. Mais l'expression reflète peut-être aussi l'ambiguïté qui demeure dans le récit en cet instant. Jésus parle-t-il de lui-même ? Car c'est lui qui a besoin de l'ânesse et de l'ânon pour le projet de Dieu. Serait-il lui-même le Seigneur ? Ce n'est pas ce que perçoivent les disciples et les foules, qui acclameront le « fils de David […] qui vient au nom du Seigneur ». Le lecteur entend peut-être avec la même hésitation ces mots singuliers.

LA VOIX DU PROPHÈTE

UNE PAROLE EN ATTENTE DE PLÉNITUDE

Matthieu interrompt le récit, aux v. 4-5, pour donner à entendre la voix du prophète qui en cet instant et dans ce qui se passe, dit-il, « s'accomplit » (le terme grec se traduirait au plus près par « soit remplie », « trouve plénitude »). Il semble urgent pour le narrateur d'établir ce lien, si l'on en croit la tournure solennelle de la phrase, soulignée par le « afin que » qui introduit cette formule ample. Tel est donc le but de Jésus en cet instant : « donner plénitude » à une parole du prophète, qui était donc en attente, incomplète, en suspens.

Matthieu a, dans son Évangile, dix formules solennelles d'accomplissement — c'est ainsi qu'en exégèse on a désigné ces expressions solennelles introduisant des citations majeures de l'Écriture : quatre d'entre elles se trouvent dans ses deux premiers chapitres, à très haute teneur théologique, nous l'avons dit (Mt 1,22-23 ; 2,15 ; 2,17-18 ; 2,23). Puis ce sont Mt 4,14-16 ; 8,17 ; 12,17-21 ; 13,35 ; ici en 21,4-5 ; puis 27,9-10, dans le récit de la Passion. On parle communément de « formules d'accomplissement des Écritures ». L'expression est impropre, car dans tous les cas, c'est une « parole » dite « à travers le prophète » qui trouve « plénitude ».

Deux de ces expressions, de façon très intéressante, confirment le choix que nous avons fait de traduire « à travers le prophète ». En Mt 1,22-23 et 2,15, la formule d'introduction est, en effet, plus longue et désigne clairement le complément d'agent : la parole est dite « par le Seigneur à travers le prophète ». Ces expressions, nous l'avons évoqué, expriment en très peu de mots une véritable théologie du prophétisme : c'est toujours, à travers le prophète, une parole qui est dite par le Seigneur[1]. La citation laisse aussi entendre que, si les disciples obéissent à l'ordre de Jésus, Jésus lui-même obéit ou ne fait qu'un avec la volonté et le projet du « Seigneur ».

Le narrateur interprète ainsi de façon très claire les faits qui se déroulent, orientant par là même le lecteur dans la compréhension de l'ensemble du récit. La voix prophétique énonce le projet du Seigneur qui se déploie à ses yeux.

LE JOYEUX MESSAGE À SION

Nous avons noté la forme insolite des versets que nous lisons, énonçant une parole à prendre en relais. La redondance, dans ces versets, des termes évoquant la parole alerte le lecteur. Ce qui s'ouvre ici requiert une écoute attentive : la voix qui se donne à entendre porte la parole du Seigneur. C'est elle qui se dit à travers le prophète.

La très ample citation ainsi introduite anticipe la suite du récit. Elle indique la juste interprétation des événements que celui-ci déploie. Elle enjoint aussi de porter

1. Les formules d'accomplissement ont fait l'objet de très nombreuses études, depuis celle d' E. Massebieau, *Examen des citations de l'Ancien Testament dans l'Évangile selon Saint Matthieu*, Paris, Fischbacher, 1885. Parmi les plus récentes, J. Miller, *Les citations d'accomplissement dans l'Évangile de Matthieu. Quand Dieu se rend présent en toute humanité*, Rome, Pontificio Istituto Biblico, 1999, où l'on trouve une abondante bibliographie.

à la « fille de Sion » la joyeuse nouvelle de la venue de « [s]on roi, humble et monté sur une ânesse et sur un ânon, le petit d'une bête de somme ». Le lecteur lira donc la suite du récit à cette lumière. À travers la formule d'accomplissement des v. 4-5, c'est donc la voix de Dieu que Matthieu, le narrateur, donne à entendre au cœur du récit, et dont l'écho se prolonge jusque dans la mémoire du lecteur. Les disciples et les foules porteront cette voix. Elle fera se joindre la terre et le ciel, mais se heurtera aux portes de la ville emmurée dans son refus.

Matthieu rassemble et tisse, ici encore, des textes, rapprochés par plusieurs mots et expressions, et la proximité de leur message. Les liens qu'il opère sont solides.

Les choix de Matthieu apparaissent très clairement, de même que ses omissions. Il ne retient pas l'invitation à l'allégresse qu'offrait pourtant magnifiquement Zacharie, mais fait le choix du plus sobre « dites à la fille de Sion » d'Isaïe. Ce verset s'inscrit dans un chapitre qu'il faut lire tout entier. Le prophète y exprime la joie du Seigneur face à Sion, dans laquelle « il fait germer la justice et la louange devant toutes les nations » (61,11). « À cause de Sion, crie à pleins poumons le prophète, je ne me tairai pas [...], je ne me tiendrai pas en repos [répété avec force au v. 6], jusqu'à ce que sa justice jaillisse comme une clarté, et son salut comme une torche allumée » (62,1). Suit l'évocation des épousailles de Dieu et de Sion, thème messianique (v. 4-5). Autant de traits présents dans le récit de Matthieu.

Zacharie (9,9)	Genèse (49,11)	Isaïe (62,11)	Matthieu (21,5)
Exulte de toutes tes forces, fille de Sion ! lance tes acclamations, fille de Jérusalem ! VOICI QUE TON ROI S'AVANCE VERS TOI ; il est juste et victorieux [grec : sauveur], humble, monté sur une bête de somme et un ânon nouveau [texte grec] sur un âne, sur le petit de l'ânesse [texte hébreu]	Lui qui attache son ânon à la vigne et au cep l'ânon de son ânesse [grec] le fils de son ânesse [hébreu]	Voici ce que le SEIGNEUR fait entendre jusqu'à l'extrémité de la terre : Dites à la fille de Sion : VOICI TON SALUT QUI VIENT, voici avec lui son salaire et devant lui sa récompense.	Dites à la fille de Sion : VOICI QUE TON ROI VIENT A TOI, humble et monté sur une ânesse et un ânon, le petit d'une bête de somme.

Nous avons gardé dans le tableau le début du v. 11 d'Isaïe 62. C'est bien la voix « du Seigneur » qui est appelée à « se faire entendre jusqu'à l'extrémité de la terre » ! Dans le récit de Matthieu, Jérusalem seule est visée par ce message, et ce sont les foules qui lanceront joyeusement leurs acclamations, qui résonnent « dans les plus hauts des cieux ». Matthieu choisit le début du verset d'Isaïe. Il est de style indirect. L'invitation n'est pas lancée directement à Sion, comme c'est le cas chez Zacharie. Le verbe « dire » instaure en quelque sorte un retard de l'annonce : plutôt qu'elle soit proclamée d'emblée et directement à la fille de Sion, comme c'était le cas chez Zacharie, il faut aller lui porter ou lui dire cette nouvelle. La joie qui s'exprimait avec redondance dans le début du verset de Zacharie semble en outre disparaître ici, chez Matthieu, à l'entrée de la ville ; il le laisse déjà pressentir. Ainsi la fille de Sion est-elle appelée à entendre et à reconnaître ce message et celui qui est au cœur de cette annonce, le roi humble. Accueillera-t-elle celui qui lui est envoyé « au nom du Seigneur » (Mt 21,9) ?

Cette annonce, privée ici de joie, se tournera dans les chapitres suivants de Matthieu en reproches amers et vifs (*cf.* Mt 23, particulièrement les v. 37-39, qui font écho à notre récit). La fille de Sion refusera en effet de recevoir le message, comme il lui est impossible de reconnaître en « celui qui vient » son roi, et de s'en réjouir. La joie des foules vient mourir aux portes de Sion, où elle rencontre l'adversité de « toute la ville » (21, 10). Le chemin ouvert à celui qui entre est celui du Golgotha.

LA FILLE DE SION

L'expression n'apparaît que deux fois dans le Nouveau Testament : chez Matthieu (Mt 21,5) et chez Jean (Jn 12,15), c'est-à-dire uniquement, dans les deux cas, dans l'épisode de l'entrée à Jérusalem que nous lisons. Ce sont les Livres d'Isaïe, de Jérémie et des Psaumes qui, dans l'Ancien Testament, utilisent le plus ce titre. Ils disent la prédilection du Seigneur pour Sion, son « amour très jaloux » pour elle (Za 1,14). Elle est associée à David, qui un jour « s'empara de la forteresse de Sion » (2 S 5,7), au point que le Livre des Rois parle de « la cité de David, qui est Sion » (1 R 8,1), mais plus encore au Seigneur, à YHWH, qui « a fait choix de Sion » (Ps 132,13). Peut-être est-elle synonyme de Jérusalem (Is 62,1) ? Elle en est le cœur. C'est là qu'est la demeure du Seigneur (Ps 50,2 ; 99,2 ; 135,21), et l'on souhaite « que le Seigneur te bénisse de Sion » (Ps 128,5 ; *cf.* Jr 31,6), au point que les Psaumes n'hésitent pas à affirmer que « tout homme y est né » (Ps 87,5).

Insensiblement, de la cité de David, le cœur de la ville en ses remparts, le terme en vient à désigner le lieu dont Dieu a fait élection pour y demeurer. Le temple n'est pas explicitement mentionné, comme s'il était bien clair que l'on n'assigne pas Dieu à résidence dans une demeure faite de main d'homme, même s'il consent à y habiter (*cf.* 2 S 7,5-6 ; 1 R 8,10-13)[1], mais c'est de Sion que « le Seigneur rugit », de Jérusalem qu'il « donne de la voix » (Am 1,2). Ainsi Sion et Jérusalem sont quelque peu synonymes. Mais Sion est le cœur de Jérusalem.

1. Le premier livre des Maccabées montre les résistants juifs marchant vers « le mont Sion », qu'ils gravissent « avec joie et allégresse » pour « offrir des holocaustes parce qu'ils étaient revenus en paix sans perdre aucun des leurs » (5,54). Avec la mention des holocaustes est rendue plus explicite la désignation de Sion comme lieu symbolique du temple.

Aux jours sombres de l'exil à Babylone (587-538 av. J.-C.), Jérémie annonce avec amertume que « Sion sera une terre de labour » (26,18), en raison même de l'amour jaloux que Dieu lui porte ! Est-ce aussi cela qu'il faut entendre dans le reproche de Jésus chez Matthieu (Mt 23,38) ? En refusant la justice et le droit, Jérusalem rejette le choix exigeant du Seigneur, au risque d'en mourir.

C'est tout cela qui est ici donné implicitement à entendre en filigrane de la citation de Zacharie (Za 9,9). En s'adressant à la « fille de Sion », le prophète en appelle à ce lieu privilégié du Seigneur qu'est Jérusalem, la « demeure du grand roi » (*cf.* Ps 48,3 ; 149,2 ; Mi 4,8). Et le « grand roi, c'est le Seigneur » (Ps 146,10 ; Mt 5,35) !

Ce voyage dans l'arrière-pays des Écritures contribue à confirmer le rapprochement que nous avons fait pour éclairer le début du récit de Matthieu, avec les textes de Zacharie (chap. 14) et de Malachie (chap. 3), qui évoquaient la royauté du Seigneur, appelée à se manifester de façon imminente jusque dans son temple.

UN ROI HUMBLE

Zacharie (Za 9,1-10) envisage la restauration de l'empire davidique. Le Seigneur suscitera un nouveau David. Il châtiera les « pasteurs » du troupeau, les chefs qui l'ont éconduit (11,17). Ainsi Jérusalem, une fois purifiée, pourra redevenir le lieu où toutes les nations pourront célébrer Sukkôt, la fête des tentes (14,16-19). L'ensemble de ce contexte éclaire le projet ou le destin de Jésus tel que Matthieu a commencé de le tracer et dont il poursuivra la description dans les chapitres de la Passion.

Mais pourquoi Matthieu a-t-il omis dans sa citation de Zacharie (Za 9,9) les deux adjectifs « juste » et « sauveur » (selon la Bible grecque), qui sont pourtant essentiels dans le projet de son Évangile ? Peut-être parce qu'il en rend compte en d'autres endroits : dès Mt 1,19 ; puis en 3,15 pour le premier adjectif, « juste » — *cf.* Is 9,6 ; 11,4 ; 16,5 ; Jr 23,5 ; et pour « sauveur » : Mt 1,21 ; 9,21-22 ; 14,30.36 ; etc. — *cf.* Is 45,17 ; Dt 33,29 ; Ps 33,16.

À l'évidence, Matthieu concentre l'attention ici sur le seul fait de l'entrée du roi ou du messie humble dans sa ville, assis sur une ânesse et un ânon, le petit d'une bête de somme. Le rejet de la ville sera bien, dès lors, le rejet de ce roi ou de ce messie humble. C'est sur ce registre que Matthieu appelle à lire le récit et ce qui suivra.

UNE ÂNESSE ET UN ÂNON

Matthieu associe dans son v. 5 la citation de deux textes messianiques : Za 9,9 et Gn 49,11, évoquant l'ânesse et son petit. Pétri d'Écritures et rompu à l'exercice de leur lecture, Matthieu n'a pu qu'être conscient — plus que nous le sommes ! — du parallélisme poétique présenté par ces versets en hébreu (une même chose est dite de deux façons différentes, et il n'y a donc qu'un animal, un ânon). Mais, dans son Évangile, il cite habituellement plutôt la Bible grecque. Pour le verset de Zacharie, elle ouvre à une lecture plus nuancée. Le « et » n'évoque-t-il pas la présence de deux animaux ?

On a fait sur eux toutes sortes d'hypothèses, nous l'avons évoqué. Peut-être Matthieu disposait-il d'une source évoquant de fait deux animaux, ce qui ne serait pas étonnant du point de vue du bon sens, un ânon tout jeune ne quittant pas sa mère. Peut-être avait-il aussi en mémoire l'histoire de Ciba apportant à David en fuite devant son fils Absalom, qui intrigue contre lui, « une paire d'ânes » chargés de vivres : « Les ânes, dit-il, serviront de monture à la famille du roi » (2 S 16,1-4) ? On pourra aussi évoquer la tendance matthéenne au redoublement, nous en avons également parlé[1].

L'âne est très largement attesté dans l'Ancien Testament comme monture royale[2]. C'était, aux temps anciens, celle des

1. Matthieu met ainsi en scène deux démoniaques au pays des Gadaréniens (Mt 8,28 ; un seul chez Mc 5,2 ou Lc 8,27), deux aveugles à Jéricho (Mt 20,30 ; un seul chez Mc 10,46 ou Lc 18,35). Il connaît en outre une seconde guérison d'aveugles, sans parallèle chez Marc et Luc, et il s'agit encore ici de deux aveugles (Mt 9,27).

2. L'âne et la mule sont des animaux royaux. Ils figurent en effet en bonne part à ce titre dans la Bible, associés, dans de nombreux récits, à David et à son fils Salomon. L'institution elle-même de la royauté, il est intéressant de le noter, est associée à son origine à une histoire d'ânesses (1 S 8-10) : Saül reçoit l'onction de la main de Samuel (1 S 10,1) et est désigné par le sort en présence du peuple (1 S 10,17-27), mais tout ce récit est en quelque sorte croisé par un autre, inscrit en contrepoint du premier : la recherche par Saül

princes ou des personnages importants, hommes (*cf.* Gn 49,11 ; Jg 5,10 ; 10,4 ; 12,14 ; 2 S 17,23 ; 19,27 ; etc.) aussi bien que femmes (*cf.* Jos 15,18 ; 1 S 25,20.23.42), avant de devenir, peu à peu, le mode de déplacement commun (Gn 42,26 etc. ; Jos 9,4 ; 1 R 2,40 ; 13,13.23.28), utilisé comme monture ou comme bête de somme (Jg 19,10 ; Ex 4,20 ; 2 S 16,1).

Comme monture royale, il fut supplanté peu à peu par le mulet ou la mule (2 S 13,29 ; 18,9 ; 1 R 1,33.38.44)[1], puis par le cheval (Jr 17,25 ; 22,4). Au temps de l'occupation romaine, l'âne est une monture dérisoire, celle des pauvres et seulement une bête de somme. L'âne représente aussi une figure pacifique. À la différence, chars et chevaux, sauf en Jr 17,25 où ils semblent cités en bonne part, sont associés à la guerre (Ex 15,1.21 ; Dt 17,16 ; 20,1 ; Jg 5,22 ; 1 R 20,21 ; Is 31,1 ; Jr 51,27 ; etc.) et aux intrigues : Absalom, dans ses projets de révolte, se procure « un char et des chevaux et cinquante hommes couraient devant lui » (2 S 15,1 — or

des ânesses de son père. Cette recherche apparaît même comme l'événement qui déclenche l'ensemble de l'histoire de l'onction (1 S 9,6.15-17). En 1 S 10,2, le signe de l'onction de Saül comme roi est l'annonce qu'elles ont été retrouvées. *Cf.* l'article très documenté de D. de La Maisonneuve, « Le Messie et son âne à la lumière de la tradition rabbinique », *Kekaritomene. Mélanges René Laurentin*, Paris, Desclée de Brouwer, 1990, p. 139-144.

1. David enfin, désignant Salomon pour lui succéder, ordonnera de le faire monter sur sa propre mule. Salomon recevra alors l'onction du prêtre Sadoq, on sonnera du cor, et tout le peuple criera « Vive le roi Salomon ! » (1 R 1,32-38).

les fils du roi montaient des mulets ou des mules ; *cf.* 2 S 13,29 !). De la même façon, « Adonias jouait au prince, disant : "C'est moi qui régnerai !" Il se procura un char et des chevaux, ainsi que cinquante hommes qui couraient devant lui » (1 R 1,5).

La force des chevaux ne plaît pas au Seigneur (Mi 5,9 ; Za 9,10 ; Os 14,4 ; Ps 33,16-17 ; 147,10)[1]. Que l'on songe, déjà, au cantique de Moïse et de Myriam (Ex 15,1.19-21 ; *cf.* encore Dt 17,14-20).

LE CRUCIFIX PALATIN

Peut-être faut-il évoquer, au terme de ces paragraphes, l'étrange représentation du « crucifix palatin »[2]. Sur ce très ancien graffiti mural, un homme fait face à une croix portant un crucifié affublé d'une tête d'âne. Une inscription tracée d'une main assez gauche commente : « Alexamenos adore son Dieu ». Probablement dessiné entre le Ier et le IIIe siècle, et découvert dans le palais impérial de Rome, il pourrait être la plus ancienne représentation de « croix chrétienne ».

1. Un simple regard, dans une concordance, au mot « force » montre que celle-ci est par contre majoritairement associée à Dieu. Les psaumes chantent la force qui se trouve en Lui, ils la demandent, ils s'y confient. On trouve des textes semblables, en particulier, dans le livre d'Isaïe.

2. *Cf.* Gertrud Schiller, *Iconography of Christian Art*, vol. II, Londres, Lund Humphries, 1972, p. 89-90. Découvert en 1857, ce « crucifix palatin » est conservé à Rome, au musée du Palatin.

Le graffiti d'Alexamenos

Ainsi se trouve ridiculisée, aux tout premiers siècles, la foi chrétienne, « une folie » comme le proclame Paul avec force, « mais pour ceux qui sont appelés [...], c'est le Christ, puissance de Dieu et sagesse de Dieu » (1 Co 1,23-24).

Jésus, entrant à Jérusalem sur un âne, ouvrait au signe contradictoire de la reconnaissance messianique dans une figure d'humilité insoutenable, puisqu'effectivement elle devait mener jusqu'à la croix. L'auteur du crucifix palatin pressentait ce scandale. Il l'exprimait sous forme de moquerie.

UN ÂNON « NOUVEAU », N'AYANT JAMAIS PORTÉ LE JOUG

La question de la présence dans le récit des deux ânes et de la double monture de Jésus dans son entrée messianique à Jérusalem, une des caractéristiques souvent citée du récit de Matthieu et qui permet d'identifier facilement, dans l'iconographie, les représentations inspirées de son Évangile, demeurera sûrement longtemps objet de discussions. Elle trouve peut-être éclairage dans un détail souvent inaperçu. « Humble, monté sur une bête de somme et un ânon nouveau », dit en effet le texte grec de Za 9,9. Ce point est essentiel, en raison du caractère religieux qu'il revêt. Matthieu ne cite pas ces mots, mais ils entrent en écho avec d'autres qui forment l'arrière-plan de ces versets, et qu'il nous faut lire.

En effet, lorsque les Philistins, accablés de plaies, voulurent restituer l'arche du Seigneur à Israël, prêtres et devins leur enjoignirent : « Fabriquez donc un chariot neuf et prenez deux vaches qui allaitent et *n'ont pas encore porté le joug* : vous attellerez les vaches au chariot [...]. Vous prendrez l'arche du Seigneur et vous la poserez sur le chariot » (1 S 6,7-8). Ainsi, l'arche « du Seigneur » fait-elle retour à Sion.

L'ânon appelé à servir de monture à Jésus dans son entrée à Jérusalem porte la caractéristique des animaux réservés, dans l'Ancien Testament, au service du Seigneur[1]. Matthieu le rappelle d'un mot dans la fin de sa citation : « le *petit* d'une bête de somme ». Aucune hésitation, en ce cas, c'est bien l'ânon « nouveau » — n'ayant jamais porté le joug — qui est la monture de Jésus dans son entrée messianique. La lecture ici ne prétend pas toucher l'événement, mais bien ce que Matthieu en dit dans son récit, dont on perçoit la portée hautement théologique.

UNE ENTRÉE MESSIANIQUE

Apparaît de plus en plus clairement, dans la lecture que nous faisons, le caractère messianique de l'entrée de Jésus à Jérusalem. Cet aspect est confirmé par la présence, en filigrane du texte, de cet autre oracle résolument messianique qu'est le texte de la bénédiction de Juda par Jacob (Gn 49,11). Au terme de sa vie, le patriarche bénit ses fils, mais la bénédiction de Juda représente bien la part de choix (49,8-12) : « Juda, c'est toi que tes frères célébreront [...]. Le sceptre ne s'écartera pas de Juda, ni le bâton de commandement d'entre ses pieds, jusqu'à ce que vienne celui auquel il appartient et à qui les peuples doivent obéissance » (v. 8.10). Dans le langage de la Bible, ces versets sont clairement messianiques. Comment mieux dire ces temps d'opulence et de paix (*cf.* Is 11) que dans

1. *Cf.* Nb 19,2 ; Dt 15,19 ; 21,3-4 ; 1S 6,7 ; 2 S 6,3 ; 2 R 2,20 ; Lc 23,53.

ces mots : « Il [Juda] lie à la vigne son ânon, au cep le petit de son ânesse, il lave son vêtement dans le vin, son habit dans le sang des raisins... » (v. 11). La vigne est assez vigoureuse pour qu'on y attache l'ânon, et assez abondante pour que l'on puisse même laver son vêtement dans le vin ! De mémoire de viticulteur, rien de cela ne s'est jamais vu, même aux meilleures années de soleil !

Matthieu héritait d'une tradition déjà longue associant Za 9,9 et Gn 49,11 (la bénédiction de Juda par Jacob). La jonction entre les deux textes s'opère par la proximité de leur problématique et des mots qui l'expriment. Dans les deux cas, c'est dans un parallélisme qui met en valeur l'« ânon », « petit d'[une] ânesse ». L'ânon que Juda « attachait » à la vigne est ici « détaché » par Jésus, qui en donne l'ordre aux disciples.

Les attestations du rapprochement entre les deux textes — Za 9,9 et Gn 49,11 — ne manquent pas dans la littérature juive, qui n'a toujours vu cependant dans ces récits qu'un seul animal[1]. Le commentaire de Bereshit Rabbah 98 est en ce sens particulièrement intéressant : « Il lie son âne à la vigne... (Gn 49,11). Les maîtres expliquent ces mots de cette façon : Je suis attaché à la vigne (c'est-à-dire à Israël) et au raisin de prix de sa ville (c'est-à-dire Jérusalem) ; le

1. *Cf.* A. Paul, « L'entrée de Jésus à Jérusalem. Mc 11,1-10 ; Mt 21,1-11 ; Lc 19,28-40 ; Jn 12,12-19 », dans « Dimanche de la Passion », *Assemblées du Seigneur* 19, 1971, p. 18.

petit d'une ânesse, c'est-à-dire quand viendra celui dont il est dit (Za 9,9) : Pauvre et monté sur un âne... »[1].

La citation du texte de Zacharie (Za 9,9) par Matthieu désigne clairement l'entrée de Jésus à Jérusalem comme messianique. Mais, entrant dans la ville dans un tel appareil, Jésus est cependant bien un messie humble. Si l'âne a toujours été vu comme une monture pacifique, et si l'ânesse ou la mule pouvaient être, au temps de David, de Salomon et de Jéhu, une monture royale et noble, au temps du second Zacharie (Za 9-14), après l'épreuve de l'Exil et le choc sans pitié des armées babyloniennes, l'ânon ne pouvait plus être, sans aucune ambiguïté, qu'une monture d'humilité (Za 9,10) ! Au temps de Jésus, sous l'occupation romaine et face à ses légions, Jésus ne pouvait même plus apparaître comme aucun roi d'antan : la monture ancestrale était devenue dérisoire. Jésus, aux yeux des révolutionnaires surgissant périodiquement du désert pour harceler l'occupant dans la capitale[2], ne pouvait faire que piètre figure : il est sans équivoque un messie pacifique, non politique, messie d'humilité et peut-être dérisoire.

Il est sans équivoque, chez Matthieu, même si cela doit heurter la stricte logique, que Jésus chevauche l'ânon, la

1. Traduction de J.-J. Brierre-Narbonne, *Exégèse midrashique des Prophéties messianiques*, Paris, 1935, p. 46 (cité par A. Paul, art. cité p. 6).

2. *Cf.* dans une assez abondante bibliographie, P. Grelot, « Les croyances populaires », dans *L'espérance juive à l'heure de Jésus*, Jésus et Jésus-Christ 6, Paris, Desclée de Brouwer, 1978, p. 128-151.

citation de Zacharie en témoigne. Et c'est un ânon « nouveau », l'équivalent de ce que Marc et Luc désignaient à juste titre comme « un ânon que personne n'a jamais monté ». Ce trait signale la mise à part pour le Seigneur, ce qui est un aspect essentiel du propos de Matthieu : le programme mis en œuvre ici par Jésus est celui du Seigneur.

L'entrée de Jésus à Jérusalem telle qu'elle apparaît dans la relecture qu'en fait Matthieu à travers la citation de Zacharie (9,9), en termes d'accomplissement ou de « plénitude », est ainsi clairement messianique, d'autres indices viendront le confirmer. Mais elle est celle d'un messie humble et déjà, peut-être, d'un messie souffrant. Plusieurs indices parlent en ce sens, dans l'utilisation même de la citation de Zacharie.

UN MESSIE SOUFFRANT

Le premier indice est probablement la présence de l'ânon comme monture royale de Jésus, celle d'un roi « humble ». Jean, chez qui l'on trouve le seul autre usage de la citation de Zacharie dans le Nouveau Testament, ne porte pas cette mention : « voici, écrit-il, que ton roi vient, monté sur un petit d'ânesse » (Jn 12,15). Le mot « humble » utilisé ici par Matthieu, rapproche notre texte de celui de la troisième béatitude (Mt 5,5), parole de « bénédiction sur ceux qui n'ont personne vers qui se tourner pour trouver aide ou défense, sinon Dieu lui-même. Ce sont les justes souffrants des psaumes, écrit J. Dupont. Jésus lui-même est l'un d'eux (*cf.* Mt 11,29 ; 27,43), destiné à la mort et à la défaite, et entièrement dépendant de Dieu pour sa propre défense. »[1]

Ainsi se trace chez Matthieu une ligne narrative qui, du récit de l'enfance de Jésus, désigné d'emblée par Matthieu comme « fils de David » (Mt 1,1), conduira Jésus à la croix, triste « roi d'Israël » (27,37-42) ayant compté en vain sur Dieu (27,43) et pourtant reconnu et proclamé « fils de Dieu »[2] au terme du récit (27,54). Cette ligne passe, à l'« apogée de la vie publique » de Jésus[3], par la porte étroite de l'entrée de la ville. Désormais, il sera de plus en plus seul contre tous, ne pouvant plus compter que sur Dieu lui-même. Le chemin que Jésus indiquait dès ses premières paroles à la foule et tout particulièrement à ses disciples (Mt 5,1-2), n'est autre que celui-là, qu'il donne comme un lieu de bénédiction (Mt 5,5).

---

1. *Cf.* J. Dupont, *Les Béatitudes*, t. III : *Les Évangélistes*, Paris, Gabalda, 1973, p. 473-555.

2. Appellation royale (Ps 2,7 ; Ps 110 ; etc.) avant de devenir le noyau le plus fort de la proclamation de la foi chrétienne. Voir, entre autres, M. Hengel, *Jésus, Fils de Dieu,* Lectio divina 94, Paris, Cerf, 1977.

3. Selon le mot de S. Légasse (« Les miracles de Jésus selon Matthieu », dans X. Léon-Dufour, *Les miracles de Jésus*, Paris, Seuil, 1977, p. 232).

Peut-être faut-il encore noter que la citation de Zacharie (Za 9,9) par Matthieu (Mt 21,5) est la première d'une série de citations ou d'allusions au prophète Zacharie (et plus spécialement Za 9-14) qui accompagnent et éclairent chez Matthieu l'ensemble du récit de la Passion[1]. À ce titre, celui-ci s'ouvre ici, traçant le chemin du Messie souffrant[2].

L'EMPRESSEMENT DES DISCIPLES ET DES FOULES SUR LE CHEMIN

Les gestes des disciples et des foules sur le chemin trouvent également dans la Bible des précédents qui

1. Ce sont Za 12,10-14 en Mt 24,30 ; Za 11,12 en Mt 26,15 ; la citation majeure de Za 13,7 en Mt 26,31, annonce par Jésus, sur le chemin de Gethsémani, de la dispersion prochaine du troupeau quand sera frappé son pasteur ; et la citation bien connue de Za 11,13 en Mt 27,3-10, combinée à plusieurs passages de Jérémie (32,6-15 ; 18,2 ; 19,1-2) et attribuée par Matthieu à Jérémie, éclairant par l'Écriture la mort de Judas, et plus encore celle de Jésus, le juste, vendu à prix d'argent.

2. *Cf.* A. Vanhoye, « Structure et théologie dans les récits de la Passion dans les Évangiles synoptiques », *Nouvelle revue théologique* 89, 1967, p. 135-163 (repris dans A. Vanhoye, I. de La Potterie, C. Duquoc, E. Charpentier, *La Passion selon les quatre Évangiles*, Lire la Bible 55, Paris, Cerf, 1981, p. 11-63, ici, p. 29-31). Voir aussi M. Quesnel, « Les citations de Jérémie dans l'Évangile selon saint Matthieu », *EstBib* 47, 1989, p. 513-527, repris dans M. Quesnel, *Jésus-Christ selon saint Matthieu*, p. 146-152.

les éclairent et les font sortir d'un aspect purement anecdotique.

MANTEAUX ET VÊTEMENTS AU SOL : UNE INTRONISATION ROYALE

Trois textes des Livres des Rois retiennent ici en particulier l'attention. Le plus intéressant est celui de la proclamation de Jéhu comme roi (2 R 9,11-13). Il présente en commun avec le nôtre d'être un récit d'intronisation ou de reconnaissance royale. 1 R 1,28-40, est également intéressant. Il présente un scénario proche pour Salomon, le fils de David, de même que 2 R 11-12 pour Joas. On peut, de façon simple, répartir ces récits en plusieurs séquences, pour en favoriser la comparaison, et voir comment les textes anciens sont présents en filigrane du récit de Matthieu.

Au temps de Jéhu

Il faut en effet lire le récit d'intronisation royale de Jéhu (2 R 9,1-13). Il est possible, pour la facilité de l'observation, d'y distinguer six phases :

1. *L'onction de la part du Seigneur* et la désignation de Jéhu comme roi, sur l'ordre du prophète. Élisée ordonne à un frère prophète d'aller oindre Jéhu comme roi d'Israël pour venger le sang des prophètes répandu par Jézabel et la famille d'Achab, dont le Seigneur exterminera la maison.

2. *La révélation par la parole de ce qui était gardé secret.* Cette onction, en effet, est secrète, puisque Jéhu a été pris à part du milieu des chefs de l'armée avec qui il se trouvait. Quand il les rejoint, après avoir reçu l'onction de la main du jeune homme, ceux-ci lui demandent « pourquoi ce fou est venu à [lui] ». Il ne peut longtemps leur cacher : « Il dit : "Il m'a parlé [...] et a dit : Ainsi parle le Seigneur : Je t'ai oint comme roi d'Israël." »

3. *La reconnaissance par les gestes...* : « Aussitôt, tous prennent leurs manteaux et les étendent sous lui, à même les degrés... »

4.... *et par la parole :* « Ils sonnent du cor et crient : "Jéhu est roi !" »

5. *La réalisation de la mission.* Jéhu met en effet en œuvre ce qui lui a été dit par le prophète et restaure les droits de Dieu. Il extermine la maison d'Achab : « Jéhu fit que Baal disparut d'Israël. »

6. *Un chemin mêlé d'ombre.* Le récit se conclut en ces termes : « Jéhu, cependant, ne se détourna pas des péchés de Jéroboam, fils de Nebath, où il avait entraîné Israël, les veaux d'or de Béthel et de Dan... » (*cf.* 2 R 10,28-31).

Au temps de Salomon

1 R 1,28-40 présente un scénario proche, qui ne comprend pas l'élément des manteaux, mais nous intéresse

pourtant ici par sa proximité. Il nous faut lire aussi ce récit, qui relate l'intronisation royale de Salomon, et dans lequel nous pouvons aisément distinguer, ici encore, pour la facilité de l'observation, six phases :

1. *L'ordre donné par David de désigner Salomon comme roi à sa place.* David appelle Bethsabée. Il lui a promis que Salomon lui succéderait sur le trône royal. Il en sera ainsi. Il convoque également auprès de lui le prêtre Sadoq, le prophète Nathan et Benaya, fils de Joad. Il leur donne l'ordre de prendre avec eux la garde royale, de faire monter son fils Salomon sur sa propre mule et de le faire descendre à Guihon. « Là, le prêtre Sadoq et le prophète Nathan lui donneront l'onction comme roi d'Israël. Vous sonnerez du cor et vous crierez : "Vive le roi Salomon !" [...] Il entrera s'assoir sur mon trône et régnera à ma place, car c'est lui que j'ai institué chef sur Israël et sur Juda. »

2. *L'onction.* Ainsi font-ils, et le prêtre Sadoq lui donne l'onction.

3. *La reconnaissance par les gestes* est différente de celle présentée dans le récit précédent. David donne l'ordre de placer Salomon sur sa propre mule (v. 33), et cet ordre est réalisé (v. 38).

4. *La reconnaissance de Salomon comme roi par le peuple* : « On sonna du cor et tout le peuple cria : "Vive le roi Salomon !", puis tout le peuple monta à sa suite, et le peuple jouait de la flûte et manifestait une grande joie, avec des clameurs à fendre la terre. »

5. *La mise en œuvre de la royauté par Salomon.* Le Livre des Rois fait le long récit de la vie et de l'œuvre de Salomon (1 R 1-13 ; on lira attentivement dans cet ensemble concernant le fils de David : 1 R 3,4-15 et tout particulièrement le chap. 8).

6. *Un chemin mêlé d'ombre.* Le psaume 72 (71) énonce magnifiquement la mission du roi selon le cœur de Dieu. La fin du règne de Salomon sera cependant, comme celle de Jéhu, entachée d'ombres. 1 R 10,26-29 décrit toute la charrerie du roi, et opère peut-être le tournant avec le récit de ce ternissement du règne dans les chapitres suivants.

Au temps de Joas

La Bible raconte une autre intronisation royale, très conflictuelle, celle de Joas (2 R 11-12). Nous pouvons, comme pour les récits précédents, distinguer ici encore six phases, pour une meilleure observation :

1. *L'ordre donné par le prêtre Joad :* Celui-ci s'apprête en effet à replacer au pouvoir Joas, sauvé des mains meurtrières d'Athalie et caché, six années durant, dans le temple du Seigneur. Il a organisé le scénario d'intronisation de Joas avec l'appui des gardes, à qui il remet « les lances et les carquois du roi David, qui étaient conservés dans la maison du Seigneur ».

2. *L'onction* : Joad « fit sortir le fils du roi, lui imposa le diadème et lui remit le document de l'alliance ; on le fit roi et on lui donna l'onction. »

3. *La reconnaissance par les gestes :* ils sont nombreux dans ce que nous venons de lire, et forment un large scénario d'intronisation.

4. *Les acclamations* : « On battit des mains et on cria : "Vive le roi !" » S'insère cependant ici un anti-scénario : Athalie crie à la trahison, tandis que « Joad conclut entre le Seigneur, le roi et le peuple l'alliance par laquelle celui-ci s'obligeait à être le peuple du Seigneur ; de même entre le roi et le peuple. » Les gardes s'emparent d'Athalie, l'usurpatrice, qui est mise à mort loin du temple. La ville, un moment effervescente, retrouve son calme : « Tout le peuple du pays était en liesse, et la ville retrouva le calme. »

5. *La réalisation de la mission* : Joas régna quarante ans à Jérusalem. « Il fit ce qui est droit aux yeux du Seigneur, pendant tout le temps que l'instruisit le prêtre Joad. »

6. *Un chemin mêlé d'ombre ?* La fin de Joas est plus obscure. Le Livre des Rois dit le labeur que fut la restauration du temple, sans en imputer la faute à Joas qui y travaille activement. Pour éviter une guerre avec Hazaël, le roi d'Aram, Joas lui fait cependant remettre tous les objets sacrés du temple. Joas mourra assassiné par ses serviteurs.

Jésus entre à Jérusalem et dans le temple

Pour faciliter la comparaison avec les récits qui viennent d'être évoqués, il est possible de distinguer également six phases dans le récit de Matthieu (Mt 21,1-17).

1. *L'ordre de Jésus aux disciples* : parvenu au mont des Oliviers, il ordonne aux disciples de lui apporter l'ânesse et l'ânon dont « le Seigneur a besoin » (v. 1-3).

2. *L'exécution de l'ordre par les disciples* : ils les lui amènent et disposent sur eux leurs manteaux. Jésus s'assoit sur cette monture royale (v. 4-5).

3. *La reconnaissance des foules par leurs gestes…* : elles jonchent le sol de leurs manteaux et de branches cueillies aux arbres du chemin.

4.*… et par la parole* : elles acclament « celui qui vient au nom du Seigneur », le « fils de David ».

5. *Le déploiement de l'action et de la révélation messianiques dans le temple* : Jésus entre dans le temple, qu'il rend à la juste louange, y restaurant les droits de Dieu.

6. *Un chemin mêlé d'ombre* ? La suite du récit fera entrer Jésus dans le temps de la Passion, où il sera jugé, bafoué et condamné à la mort « la plus honteuse »[1], celle de la croix. La fin de l'Évangile le dira cependant béni de Dieu pour toujours (*cf.* Mt 28,20).

Un tableau permet de visualiser les éléments importants de la comparaison que nous avons menée.

1. *Cf.* l'ensemble des témoignages anciens rassemblés dans M. Hengel, *Crucifixion in the Ancient World and the Folly of the Message of the Cross*, Londres, SCM Press, 1977.

	1R 1, 28-40	2R 9,1-13	2 R 11-12	Mt 21,1-17
1.	*David ordonne* de faire monter *Salomon* sur *sa propre mule*. Le prêtre Sadoq et le prophète Nathan lui donneront l'onction comme roi, sur *Israël et sur Juda*. Il s'assoira sur le trône de David.	*Élisée ordonne* à un frère prophète d'aller oindre *Jéhu* comme *roi d'Israël*. Il devra venger les droits de Dieu, le sang des prophètes versé par la famille d'Achab.	*Le prêtre Joad* s'apprête à replacer au pouvoir Joas, sauvé des mains meurtrières d'Athalie. Il organise l'intronisation de Joas en requérant l'appui des gardes.	Parvenu *au mont des Oliviers, Jésus ordonne aux disciples* de lui amener *l'ânesse et l'ânon* dont *« le Seigneur a besoin »*.
2.	Ils mettent Salomon sur la mule du roi David et le mènent à Guihon. Le prêtre Sadoq lui confère l'*onction* en présence de tous.	Jéhu reçoit l'*onction royale* de la main du (frère-)prophète.	Joad fait sortir le fils du roi, lui impose le diadème et lui remet le document de l'alliance, on lui donne *l'onction*.	Les disciples amènent l'ânesse et l'ânon, disposent sur eux leurs manteaux. *Jésus s'assit dessus.*
3.	———	Les officiers (seule foule présente) étendent sous Jéhu leurs *manteaux*.	(*Cf.* ci-dessus séquence 2) Joad et les gardes mettent en œuvre *le scénario d'intronisation*	Les foules recouvrent le chemin de leurs *manteaux* et de *branches...*
4.	Sonnerie du *cor* et *clameur de tout le peuple : « Vive le roi Salomon ! »* Allégresse du peuple.	Ils sonnent du cor et crient : « Jéhu est roi ! »	Tous battent des mains et crient : *« Vive le roi ! »* Tout le peuple est en liesse, et la ville retrouve le calme.	*Elles acclament le « fils de David » qui « vient au nom du Seigneur ».*
5.	*L'œuvre de Salomon* : une œuvre magnifique (*cf.* 1 R 3,4-15 ; 1 R 8, lié au *temple*)...	*Jéhu* réalise le programme qui lui a été confié et *fait disparaître d'Israël le culte de Baal...*	Joas règne quarante ans à Jérusalem, *il fait ce qui est droit aux yeux du Seigneur*.	*Jésus entre dans le temple et le purifie, le rendant à la louange.*

	1R 1, 28-40	2R 9,1-13	2 R 11-12	Mt 21,1-17
6.	... et marquée d'*ombre*.	... mais *ne se détourna pas des péchés* de Jéroboam (les veaux d'or).	La fin de Joas est plus obscure.	Le chemin de Jérusalem est celui de la *Passion* et de la mort de Jésus au Golgotha, de la *mort des condamnés... Ressuscité*, il précède ses disciples en Galilée, Emmanuel, Dieu *avec eux jusqu'à la fin du monde* (Mt 28,20).

Matthieu reprend manifestement le scénario antique de reconnaissance ou de proclamation royale[1] : les liens entre les quatre récits que nous venons de lire apparaissent à la fois dans les mots utilisés et dans l'ensemble du scénario envisagé. On observe cependant, sur plusieurs points, une évolution ou des différences significatives dans le récit de Matthieu par rapport aux récits anciens :

1. Les trois premiers récits parlent d'onction. Celle-ci n'apparaît pas dans le récit de Matthieu. Nous sommes

1. Sur les récits d'intronisation royale, on pourra lire les remarques intéressantes de P. Gibert dans *Les livres de Samuel et des Rois, de la légende à l'histoire*, Cahiers Évangile 44, Paris, Cerf, 1983, en particulier p. 10, 19, 21, 39, etc.

renvoyés ici à la scène d'intronisation messianique de Jésus que constitue, au début de l'Évangile, le baptême. Il y est clairement dit, en effet, que Jésus est investi de l'Esprit du Seigneur, ce qui est, au plus profond, la signification de l'onction (Mt 3,13-17 ; *cf.* encore 17,1-8 ; *cf.* Lc 4,14-21). Dès lors, c'est Jésus lui-même, dans le récit de Matthieu, qui met en œuvre le projet du Seigneur, au mont des Oliviers, riche de toute la symbolique que nous avons évoquée. Jésus, pleinement investi par Dieu au baptême, fait corps avec les intérêts de Dieu, il les défend pleinement et les met en œuvre de sa pleine initiative.

2. Les disciples amènent à Jésus l'ânesse et l'ânon dont il a besoin (« Le Seigneur en a besoin » ; v. 3). Il prend ici encore l'initiative et s'assoit sur l'ânon, geste qui est au centre du scénario royal (*cf.* v. 4-5). Il est le messie humble (Za 9,9). Les nombreuses foules recouvrent le sol de leurs manteaux, comme les disciples l'ont fait pour les ânons.

4. L'allégresse des foules rappelle celle des scénarios d'antan. Elles acclament le « fils de David », parenté nouvelle avec 1 R 1, et Jésus est de surcroît reconnu et « béni » comme « celui qui vient au nom du Seigneur ».

5. Jésus rappelle l'œuvre de Salomon, qui désirait pour le Seigneur une maison de prière (*cf.* 1 R 3,4-15 et 1 R 8). Il suppliait Dieu de réaliser cette œuvre, Jésus réalise dans le temple les gestes qui restaurent l'œuvre de Dieu, et sa parole est une parole d'autorité.

6. Le récit évangélique montrera le destin d'humiliation absolue de Jésus, mais ne dira pas, comme pour Salomon et Jéhu, ou comme pour Joas, qu'il en vint à faire ce qui est mal aux yeux de Dieu. Dans la première phase, concernant l'onction, nous étions renvoyés au baptême. Peut-être sommes-nous renvoyés ici au récit des tentations de Jésus, où sont affirmés sa supériorité sur Satan et son attachement radical à la parole de Dieu et à son projet.

7. Un dernier élément serait à évoquer : Salomon régna sur tout Israël, c'est-à-dire sur Israël et Juda. Jéhu régna après le schisme sur l'Israël du Nord, c'est-à-dire Samarie et Joas, à la même période, à Jérusalem, c'est-à-dire au sud. Quel est le royaume de Jésus ? Il faut ici relire tout l'Évangile, depuis le récit des béatitudes, qui promet ou annonce le royaume de Dieu aux pauvres, jusqu'aux paraboles du royaume, culminant peut-être dans celle du festin nuptial (Mt 22,1-14). Son contexte immédiat est la parabole des vignerons homicides (Mt 21,33-46), annonce très claire de la Passion. Répondant à Pilate qui l'interroge sur sa royauté ou son royaume, Jésus répond de façon très claire, dans le récit de la Passion selon Jean : « Mon royaume n'est pas de ce monde. » Cette parole n'est pas dans l'Évangile de Matthieu, elle est cependant dans le droit-fil de ce que Matthieu donne à lire (Jn 18,36 ; *cf.* Mt 28,18-20).

8. En une anti-figure de ce qui se déroule ici, Jésus sera, durant sa Passion, dévêtu puis revêtu d'un manteau

ou d'une chlamyde écarlate et couronné d'épines. On lui remet pour sceptre un roseau et il est couvert de crachats et insulté. On lui ôte ensuite ce manteau royal de parodie pour lui remettre ses vêtements (Mt 27,28-31). Quand ils lui sont définitivement enlevés au moment de le clouer à la croix (27,35), un écriteau porte l'ironie à son comble en le désignant comme « roi des Juifs » (27,37). Le voile du sanctuaire se déchire en deux, du haut en bas, tandis que la terre tremble (27,51). Viendra la parole de reconnaissance par le centurion païen : « Vraiment, celui-ci était Fils de Dieu » (27,54), révélation suprême attendant la confirmation décisive de la Résurrection.

Ainsi Matthieu fait-il du neuf, montrant, sur la base de figures familières des Écritures d'Israël, la nouveauté de ce messie humble et pourtant Seigneur qu'est Jésus, dont il trace le récit.

DES JONCHÉES DE BRANCHES : L'AMBIANCE DE SUKKÔT

Avec les manteaux, les branches coupées aux arbres et dont la foule jonche le sol sont un élément important de la reconnaissance royale mise en œuvre par les foules. Seuls Matthieu, Marc et Jean en parlent. Luc ne les mentionne pas. Marc, nous l'avons vu, parle de jonchées « de verdure coupée dans la campagne » ou dans les champs (Mc 11,8), Matthieu de « branches coupées aux arbres » (Mt 21,8). L'expression, chez Marc, semble assez anodine. Chez Matthieu, le geste est amplifié. Jean, en des connotations plus politiques, parle de « branches de palmiers » (Jn 12,13).

La coutume de couper des branches aux arbres évoque assez spontanément, dans la pensée juive, le geste joyeux et religieux de Sukkôt, la fête des Tentes ou des Cabanes. On en lit la prescription au Livre du Lévitique : « Le premier jour, vous prendrez de beaux fruits, des rameaux de palmier, des branches d'arbres touffus [...], et vous vous réjouirez pendant sept jours en présence du Seigneur votre Dieu » (Lv 23,33-43 ; *cf.* Ex 23,14-17 ou encore Ne 8,15).

Au temps de l'occupation grecque et de la résistance vigoureuse des Maccabées (175-140 av. J.-C.), on retrouve ces gestes, lorsque Simon reprend le pouvoir à Jérusalem : « Les Juifs y firent leur entrée [...] avec des acclamations et des palmes, au son des lyres, des cymbales et des harpes, au chant des hymnes et des cantiques, parce qu'un ennemi avait été brisé et jeté hors d'Israël. Simon ordonna de célébrer chaque année ce jour-là avec jubilation... » (1 M 13,51-52).

De même, après la victoire de Judas Maccabée et de ses frères sur Lysias, ils purifièrent le temple et en célébrèrent la dédicace : « huit jours durant, ils célébrèrent la dédicace de l'autel [...]. Judas décida avec ses frères et toute l'assemblée d'Israël que les jours de la dédicace de l'autel seraient célébrés en leur temps chaque année pendant huit jours, à partir du 25 du mois de Kisleu, avec joie et allégresse » (1 M 4,36-61).

On trouve alors une scène solennelle de purification du temple, après laquelle « ils célébrèrent avec allégresse huit jours de fête à la manière des tentes, se souvenant comment naguère, aux jours de la fête des Tentes, ils gîtaient dans les montagnes et dans les grottes à la façon des bêtes sauvages. C'est pourquoi, portant des thyrses, de beaux rameaux et des palmes, ils firent monter des hymnes vers Celui qui avait mené à bien la purification de son lieu saint. Ils décrétèrent par un édit public, confirmé par un vote, que toute la nation des Juifs solenniserait chaque année ces jours-là » (2 M 10,1-8).

Ces textes montrent la proximité entre la fête de la dédicace du temple (1 M 4,36-61) et celle de Sukkôt ou des tentes (2 M 10,6). Le Lévitique (Lv 23,33-43) et Néhémie (Né 8,15) décrivent le rituel à observer pour la fête. On voit, dans les récits des Livres des Maccabées, l'importance nouvelle qu'elle prit dans les moments difficiles de la résistance à l'occupation étrangère.

La proximité de ces textes éclaire le geste des foules dans le récit de Matthieu. Le modèle ancien, dans lequel le temple était purifié de la souillure des païens (1 M 13,50), est repris mais entièrement réinterprété. L'occupant que défait Jésus en son entrée dans le temple, ce sont les chefs du peuple, et non des étrangers, et le peuple ne peut contenir sa liesse. Mais le geste de Jésus chez Matthieu n'est pas une « purification » du temple. Jésus en trace un autre usage. À moins que le temple ne soit désormais caduc, ce que les paroles et les gestes de Jésus signifient peut-être.

Le geste de couper des branches, au temps des Maccabées, pouvait revêtir une couleur nationaliste. Le peuple juif retrouvait l'usage de sa terre, confisquée par l'occupant grec, et celui du temple souillé par les païens. Ce temps laissa une empreinte importante dans les mémoires, puisqu'il marquait l'histoire du peuple juif d'une éclaircie que depuis des siècles il attendait. Le peuple retrouvait son identité profonde. Au temps de Jésus, on attendait pareille libération : l'affranchissement du joug romain et le recouvrement de l'identité nationale, peut-être plus que religieuse. Était-ce là la perspective de Jésus dans son entrée à Jérusalem ?

Le rituel de Sukkôt (*cf.* encore Lv 23,33-43) prévoyait la cueillette des branches des différentes espèces prescrites pour la fête, afin de constituer le bouquet du *loulav*, lié à l'*etrog* pour la procession (*cf.* Ps 118 [117], 27), ainsi que des palmes et des branchages pour réaliser les huttes associées à la fête. Nous sommes insensiblement conduits, avec l'évocation du psaume 118 (117), aux cris d'acclamation des foules, qu'il nous faut lire désormais.

L'ALLÉGRESSE DES FOULES SUR LE CHEMIN (ET DES ENFANTS DANS LE TEMPLE AU V. 15)

Remarquons tout d'abord la structure concentrique aisément observable que cette acclamation revêt. Elle n'est probablement pas sans incidence sur sa signification :

a. « Hosanna… au fils de David ! »

b. « Béni soit celui qui vient au nom du Seigneur ! »

a'. « Hosanna… aux plus hauts des cieux. »

Le cri du « hosanna » et l'acclamation « béni soit celui qui vient au nom du Seigneur » proviennent d'une même citation, le psaume 118 (117), 25-26[1]. Le « hosanna » se trouve dans le premier verset, et la suite de l'acclamation dans le second. Le « hosanna » n'est pas répété dans le psaume. Le double ajout de Matthieu — « au fils de David », « aux plus hauts des cieux » — vient s'insérer dans le verset du psaume et se conjuguer avec lui.

Du premier au second « hosanna » s'inscrit une progression au sein de la symétrie, qui crée une sorte d'équivalence entre « le fils de David » et « les plus hauts des cieux ».

1. Ce psaume est l'un des psaumes du grand *Hallel* (en hébreu, « louange [à Dieu] »), ensemble composé des psaumes 113 à 118, récité en particulier lors des grandes fêtes juives (Pessah : Pâque ; Hannukkah : la Dédicace, et Sukkôt : la fête des tentes ou des cabanes).

Le cri du « hosanna », une acclamation étonnante

L'acclamation du « hosanna » est parvenue jusqu'à nous, et ponctue depuis la Didaché (fin du Ier siècle-début du IIe)[1] la prière eucharistique dans le repas du Seigneur. C'est dans le psaume 118 (117) qu'elle trouve son origine, point de départ d'une longue évolution dans laquelle elle a traversé les âges sans être traduite, mais seulement transcrite. Issu de l'hébreu, le hosanna en a gardé la forme dans l'Évangile, écrit en grec, et la liturgie latine l'a repris sans transformation. C'est encore sous cette forme qu'il est utilisé aujourd'hui, au risque d'être reçu comme un élément étranger, voire archéologique. Qui, en effet, s'aventurerait à l'expliquer, ou qui en perçoit la teneur, dans des assemblées qui pourtant le proclament et le chantent ?

Si le mot a été transcrit mais gardé dans sa forme hébraïque dès les Évangiles, c'est qu'à cette période déjà il était sorti d'un usage ordinaire. Quelque chose s'était comme cristallisé autour de lui, son usage l'avait déjà particularisé. Il est intéressant de suivre cette évolution, dont nous héritons[2].

---

1. Didaché X, 6.

2. Les articles et monographies sur le sujet ne manquent pas. C'est à E. Lohse que l'on doit l'étude la plus éclairante sur l'évolution du terme. *Cf.* E. Lhose, « Hosianna », *NovT* 6, 1963, p. 113-119, ici p. 118-119. (*Die Einheit des Neuen Testaments. Exegetische Studien zur Theologie des Neuen Testaments*, Göttingen, Vandenhoeck & Ruprecht, 1973, p. 104-110.)

Acclamation et supplication !

On trouve à plusieurs reprises dans la Bible l'invocation ou l'appel lancé à Dieu pour qu'il sauve (en hébreu, *hoshia* ou *hosha-na YHWH* : « sauve Seigneur ! »). La Bible grecque rend habituellement l'expression par *sôson* (« au secours ! », « sauve ! »). C'est le cas pour le psaume 118 (117), 25. Si Matthieu suivait le psaume, c'est ce mot qu'il aurait dû utiliser. On le trouve ailleurs dans son Évangile (Mt 8,25). Au chapitre 21 (Mt 21), tout est à la liesse et à la louange. Matthieu utilise bien le psaume, l'ensemble de l'acclamation le montre, mais il fait clairement le choix de garder l'acclamation liturgique, déjà largement répandue à son époque.

Le « hosanna » était, à l'origine, le cri de supplication lancé au roi par le pauvre, la veuve ou le sans-droit, lui demandant de faire justice et d'assurer son salut ou sa vie[1]. Il trouve tout naturellement ainsi sa place dans la prière, où il est adressé à Dieu, comme en témoignent de nombreux psaumes[2]. La forme qu'il revêt en hébreu dans le psaume 118 (117) est unique dans la Bible. Le terme est renforcé par une particule qui en consolide le sens (*hoshia-na : « de grâce, sauve ! »*). C'est cette forme qui a progressivement donné l'acclamation du « hosanna ». La

1. Ainsi, par exemple, au Second livre de Samuel (2 S 14,4) et dans les Livres des Rois (2 R 6,26).

2. *Cf.* Ps 11,2 ; 19,10 ; 27,9 ; 59,7 ; Ps 85,2.16 ; 107,7 ; mais encore 2 R 19,19 (forme *hoshiénou-na*) ; Is 37,20 ; Jr 17,14…

mutation de la *supplication* en *acclamation* est très probablement liée au contexte de la fête de Sukkôt, dans laquelle le psaume 118 (117), et tout particulièrement les versets 25-26, jouaient un rôle majeur.

L'allégresse de Sukkôt

Le psaume 118 (117) est un psaume de supplication exaucée et, par là, d'action de grâces et de joie, le v. 24 l'exprime on ne peut plus clairement. Or, au v. 25, s'opère une rupture de ton, la joie faisant place à nouveau à la supplication. Le lien avec Sukkôt est ici éclairant. C'est une fête d'automne. Elle rappelle le séjour dans le désert, durant lequel le Seigneur veilla sur son peuple, et célèbre dans la joie la récolte, qui marque la fin du cycle agricole annuel. C'est l'une des trois fêtes de pèlerinage dont le Deutéronome (Dt 16,13-16) fait prescription au peuple — *cf.* aussi Ex 23,14-17 ; Lv 23,33-43. Les sept jours de la fête sont un temps de liesse, comme l'enjoint le précepte : « Tu la fêteras dans la joie ! » (Dt 16,14).

Probablement en raison de sa signification agricole, la « fête à YHWH » (Lv 23,39) devint rapidement l'une des plus importantes du calendrier, au point de n'être souvent désignée que comme « la Fête », *hahag*, la fête par excellence, celle de la plus grande joie[1], qui donne lieu aujourd'hui encore à de grands rassemblements populaires.

---

1. « C'est bien la joie qui est la note dominante de la fête des Tentes : "On dit : celui qui n'a pas vu la joie de la cérémonie du Puisage de

D'après la Bible, c'est au cours de cette fête que Salomon choisit d'inaugurer le temple dont il venait d'achever la construction (1 R 8,2), et Sukkôt fut la première fête observée après la reconstruction du temple, au retour de l'exil à Babylone (*cf.* Esd 3,1-4 ; Né 8,13-18). Zacharie, l'un des derniers prophètes, contemporain des événements, prophétise que cette fête prendra, aux temps messianiques, une dimension universelle. « Mais pour les familles de la terre qui ne monteront pas se prosterner à Jérusalem devant le roi Seigneur de l'univers, la pluie ne tombera pas » (Za 14,16-17). Ce lien assez étroit entre la célébration de Sukkôt et la promesse de l'eau ou de la pluie est clairement exprimé dans ces versets de Za 14, texte essentiel, nous l'avons vu, dans la compréhension du mont des Oliviers au regard de la Bible.

Avec les v. 25-26 du psaume, cités ici par Matthieu, les foules demandaient au Seigneur de « sauver » (c'est la racine du mot *hosanna* en hébreu), c'est-à-dire, en cette fête, de donner la pluie à une terre qui vient de prodiguer la moisson et espère la saison nouvelle. La pluie, en effet, semble avoir été associée de près à la fête (*cf.* Is 12,3 peut-être, et Né 8,16, qui précise « près de la porte des eaux »). L'un de ses rites essentiels était le puisage de

---

l'eau, n'a jamais vu la joie" (Sukkah 5,1) » (J. Stiassny, « La fête des Tentes au temps de Jésus », *Le Monde de la Bible* 60, Paris, Bayard Presse, 1989, p. 34).

l'eau, à la source de Guihon. Elle était portée en liesse vers le temple, où on la versait sur l'autel afin d'obtenir la grâce divine de la pluie[1].

Le Lévitique (Lv 23,40) indique aussi la composition du *loulav*, ce bouquet festif qui était tenu en main et agité lors des acclamations, au cours des processions du temple chaque jour de la fête. Le septième jour, la procession avait lieu sept fois, tandis que l'on décorait aussi l'autel de *loulavim* (pluriel de *loulav*)[2]. Le *loulav* est une palme de dattier. Il était rassemblé en bouquet, selon des prescriptions précises, avec trois autres espèces végétales : l'*etrog*, ou cédrat, le *hadass*, ou branche de myrte, et l'*arava*, ou branche de saule. Le *loulav* étant l'espèce la plus voyante, il en est venu à désigner l'ensemble du bouquet.

Après la bénédiction sur le *loulav*, l'une des prescriptions du rituel de Sukkôt était de l'agiter « aux quatre vents » : est, sud, ouest, nord, et en haut et en bas. Ce geste accompagnait le premier verset du psaume, ainsi que l'acclamation-supplication du v. 25, au point que le *loulav* fut parfois appelé « hosanna » ! Ce geste était probablement lié, au point de départ, à l'imploration en vue de l'obtention de la pluie, affaire de vie ou de mort dans la société palestinienne primitive tirant sa subsistance

1. *Cf.* Mishna Sukkah 5,1.
2. Mishna Sukkah 4,5.

de l'agriculture. Il devait être si établi[1] que la Mishna ne discute pas de savoir s'il convient d'observer ce rite, mais plutôt de fixer le moment précis auquel le mettre en oeuvre[2].

Les premiers mots du psaume 118 (117), 25 sont donc étroitement liés aux processions vers le temple et l'autel avec le *loulav*. Cela explique le changement de ton dans le psaume au v. 25. L'allégresse de la fête, au moment de l'agitation du *loulav*, fait place à la supplication à Dieu pour la pluie attendue pour l'année à venir, puis le peuple poursuit dans la même allégresse la célébration de ce qui est, au sommet de toutes les fêtes, celle de la plus grande joie. Ainsi le cri de supplication du « hosanna » était-il peu à peu emporté dans le tourbillon de la joie et de l'allégresse de Sukkôt. De supplication, il devenait acclamation : crier « hosanna », c'était, d'un seul mouvement, se fondre dans l'allégresse de la fête.

Une acclamation aux connotations messianiques

Cette mutation devait marquer un pas supplémentaire important lorsque plusieurs phrases du psaume prirent, dans l'interprétation rabbinique, une signification messianique. Dans ce mouvement, le « hosanna »

1. *Cf.* b Sukkah 37b.

2. Aux versets 1 à 4 du psaume, ainsi qu'au v. 29 et durant la première moitié du v. 25, selon l'école de Hillel, l'école de Shammai incluant aussi la seconde partie du v. 25. *Cf.* Sukkah 3,9.

connaissait une nouvelle évolution et en venait à acclamer celui qui, au nom du Seigneur, devait venir. Cette dimension messianique de l'acclamation est confirmée, *a contrario*, par les limitations posées à une telle signification par la Mishna elle-même, au moment où le cri devenait une acclamation messianique chrétienne reconnaissant en Jésus celui qui réalise cette promesse et cette attente. La synagogue se trouvait alors contrainte ou fit le choix de quitter ce lieu dans lequel s'était exprimée sa propre attente, non encore venue à son terme[1]. Le cri du « hosanna » pouvait alors, comme naturellement, s'accompagner d'un datif : « hosanna au fils de David ». Le cri n'est pas orienté vers lui, mais l'acclame, à la manière d'immenses brassées de fleurs… ou des palmes de la fête.

Le cri du « hosanna », dans l'attente du retour du Seigneur

La foi chrétienne prit ainsi le relais de ce cri dans la liturgie, comme la Didaché (10,6) en témoigne. Dans l'attente du retour du Christ, le cri messianique se chargeait alors d'une portée eschatologique. La liturgie chrétienne, dans le repas du Seigneur, repas-mémorial du « Crucifié-Ressuscité »[2], proclame que le fils de David n'est pas le souverain triomphateur entrant à Jérusalem pour

1. E. Lhose, « Hosianna », art. cité, p. 116, n. 3.

2. *Cf.* le très intéressant article de C. Perrot, « L'eau, le pain et la confession du Seigneur crucifié », dans J. Doré, *Sacrements de*

redonner éclat au royaume ou à la royauté de David. Il est le serviteur de YHWH, venu au nom du Seigneur, humble jusqu'au risque de la croix. Ayant traversé la mort et le pays de l'ombre, ressuscité, il reviendra. Telle est la force subversive et la portée du « hosanna » messianique-eschatologique des chrétiens lorsqu'ils acclament leur Seigneur et le « salut » qui, dans la croix, leur a été pour toujours donné.

L'écriture de Matthieu

Matthieu, dans son récit écrit en grec, maintient donc le cri du « hosanna » sous sa forme hébraïque lorsqu'il cite le psaume 118 (117), 25. Celui-ci se trouve, de ce fait, porteur d'une signification particulière, que nous avons reconnue comme marquée par la liturgie juive de Sukkôt, prise en relais progressivement par la liturgie chrétienne primitive. Inspirée à Matthieu par cette liturgie naissante, l'acclamation retrouve dans son récit son environnement premier, accompagnant le mouvement des palmes et des branches.

L'histoire que nous venons de retracer montre comment le « hosanna » lancé par les foules est clairement messianique sous la plume de Matthieu. Les autres expressions qui constituent leur acclamation le confirment. Nous allons le voir. Notons cependant que l'atmosphère

---

Jésus-Christ, Jésus et Jésus-Christ 18, Paris, Desclée de Brouwer, 1983, p. 17-45.

de joie qui prévaut en contexte messianique[1] s'accorde à merveille avec le récit de Matthieu et rejoint la citation de Zacharie (Za 9,9), expressément rappelée dans la formule d'accomplissement des v. 4-5. Matthieu n'en a pas retenu l'appel initial à la joie, puisqu'il en fait l'annonce à Sion de la venue de son roi-messie, envers qui elle ne manifestera que refus et hostilité.

Béni soit celui qui vient !

L'expression est sans équivoque, comme nous venons de le voir, une citation du psaume 118 (117), 26, qui suit immédiatement le « hosanna » dans le psaume, mais Matthieu n'a pas repris la supplication lancée à YHWH de donner la victoire, qui y est inscrite. L'acclamation souligne, à l'évidence, l'appartenance entière au Seigneur, de « celui qui vient », comblé et porteur en plénitude de sa bénédiction : « Béni soit au nom du Seigneur celui qui vient ! »

Le terme « venir » est associé à Dieu dans de nombreux psaumes[2]. La venue de Dieu est alors liée à son intervention pour juger la terre, ce qui nous rapproche de la perspective de Za 14 et Ml 3, déjà souvent mentionnés.

---

1. *Cf.* par ex. Is 54 ; 60 ; So 3,14-16 ; Za 9,9 et suiv. ; etc.

2. Dans un sens fort en 95,13 ; 97,9 ; *cf.* 50,3 ; dans un sens plus faible en 53,6 ; 58,11.

Il est cependant intéressant, avant d'aller plus loin, d'observer la structure du psaume 118 (117), qui est le psaume final du « Hallel ». Son unité a été parfois discutée. Il se présente en trois grandes parties :

1. Verset 1-4 : une invitation à la louange, aux accents liturgiques.

2. Versets 5-18 : le corps du psaume, une hymne d'action de grâces, « de la communauté personnifiée », indique une note de la Bible de Jérusalem, mais est-ce complètement sûr ? Le ton en est personnel. Ces versets rappellent l'oppression et l'angoisse dont le psalmiste a été sauvé par le Seigneur, qui fut son salut (v. 14).

3) Dès lors, il invite la communauté entière à rendre grâces : v. 19-29. Ces versets commencent par les répons de l'entrée liturgique au temple, et l'on pourra de ce point de vue rapprocher ce psaume du psaume 24 (23)

La littérature rabbinique (b. *Pesahim* 119a, le midrash, ainsi que le targum du psaume 118) offre plusieurs indications de mise en scène du psaume[1]. Le Talmud et le targum précisent qui en a primitivement prononcé les différentes parties, et le midrash semble indiquer qui devrait

1. *Cf.* J. A. Sanders, « A New Testament hermeneutic fabric : Psalm 118 in the entrance narrative », dans C. A. Evans et W. F. Stinespring, *Early Jewish and Christian Exegesis. Studies in Memory of W.H. Brownlee*, Atlanta, Scholars Press, 1987, p. 177-190, en particulier ici p. 181-185.

les dire dans le futur, peut-être à la venue du Messie[1] : la première moitié des v. 15, 16, 25, 26, 27 et 28, sera récitée « par les hommes de Jérusalem, de l'intérieur des murs », la seconde moitié, par « les hommes de Juda, de l'extérieur des murs », les deux groupes récitant tout le v. 29. Le midrash précise que « David a dit » les paroles du v. 19a[2]. Ces indications de lecture sont particulièrement intéressantes. Nous avons évoqué le psaume 24 (23). Il a en commun avec celui-ci cette structure dialogale. À cette lumière, le récit de Matthieu s'éclaire de façon particulière. Est en effet attendu de la ville et de tous ceux qui sont « à l'intérieur de la ville » de concourir activement à l'accueil de « celui qui vient ».

Des connotations messianiques

L'expression « celui qui vient » revêt chez Matthieu un sens clairement messianique[3]. Elle n'apparaît que quatre

---

1. *Ibid.*, p. 181, n. 11. *Cf.* H. L. Strack et P. Billerbeck, *Kommentar zum Neuen Testament aus Talmud und Midrash*, *op. cit.*, p. 850.

2. Le Talmud et le targum répartissent le psaume de façon semblable, mais nomment d'autres acteurs pour les différentes parties. Dans les deux cas, Samuel dit le v. 27b et David, le 28a. Le Talmud note que David a prononcé les v. 21a, 25b et 28a, Jessé les v. 22a et 26a, les frères de David les v. 23a et 25a, et tous ensemble les v. 27a et 28b.

3. Voir en particulier J. Dupont, « L'ambassade de Jean-Baptiste (Matthieu 11, 2-6 ; Luc 7, 18-23) », *Nouvelle revue théologique* 83, 1961, p. 805-821 ; 943-959. On y trouve les principaux éléments éclairant la lecture de Mt 11,3 dont il va être question.

fois dans son Évangile : trois fois dans un sens absolu — sans complément (11,3 ; 21,9 ; 23,39, en écho direct à 21,9), une fois dans un emploi plus ambigu (3,11), lorsque Jean-Baptiste annonce : « Celui qui vient derrière moi est plus fort que moi ». Mt 11,3 doit donc retenir notre attention. Il s'agit de la question de Jean-Baptiste, depuis sa prison : « Es-tu celui qui vient ? »

La réponse que Jésus fait donner au Baptiste renvoie à plusieurs grands textes de nature messianique : Is 61,1-2, à quoi l'on peut ajouter Is 26,19 ; 29,18-19 et 35,5-8. Jean-Baptiste attendait et annonçait le juge eschatologique (3,7-12), en référence à Ml 3,1-2. La réponse de Jésus doit le dérouter, car elle donne à reconnaître la venue de « celui qui vient » dans la réalisation des bienfaits messianiques touchant les pauvres et les petits (Mt 11,2-6). Les temps sont accomplis, ce que laissaient entendre de façon paradoxale les béatitudes (*cf.* Mt 5,2-11). Et dans le temple, Jésus guérira aveugles et boiteux, prodiges acclamés par le « hosanna au fils de David » des enfants (Mt 21,14-15).

Le silence accablant des prêtres

Il nous faut cependant revenir à la structure dialogale du psaume 118 (117). Selon le privilège lié à leur charge, le chœur des prêtres avait en effet mission d'accueillir, en les bénissant, les pèlerins montés au temple (Nb 6,23-27 ; Dt 21,5 ; 1 S 2,20). Ce leur était un devoir rituel au moment des fêtes des « montées », telles que Sukkôt, la plus grande de toutes les fêtes, dans la liturgie de laquelle était rituellement chanté, nous l'avons vu, le psaume 118 (117). La répartition probable du dialogue liturgique laisse attendre aux v. 25 et 26 leur intervention, qui devait éclater dans le « Béni soit celui qui vient », qu'il serait dès lors possible de traduire, comme plusieurs commentateurs l'ont proposé : « Béni soit au nom du Seigneur celui qui vient ». Or, pour toute bénédiction « de l'intérieur de la ville » — pour reprendre les termes du midrash —, rien ne se fait entendre qu'une question. Les grands prêtres ou la ville ne répondent pas : ils interrogent, sur fond d'effondrement et de bouleversement — *cf.* la figure du « séisme ». De même, les enfants acclament Jésus dans le temple, quand les grands prêtres voudraient leur silence, et questionnent encore.

L'acclamation au fils de David ![1]

Que font donc les foules en acclamant Jésus comme « fils de David », et en lui adressant de surcroît le « hosanna » dont nous venons de voir la riche teneur ? Pour mesurer la portée de ce titre, il faut parcourir,

1. La bibliographie est abondante sur cette question. Retenons, parce qu'ils ont fait date, H. Cazelles, *Le Messie de la Bible. Christologie de l'Ancien Testament,* Jésus et Jésus-Christ 7, Paris, Desclée de Brouwer, 1978, et la synthèse importante de J. Coppens, *Le messianisme royal. Ses origines, son développement, son accomplissement,* Paris, Cerf, 1968 ; *David, la harpe et la fronde* (collectif), Le monde de la Bible 7, 1979.

même rapidement, l'histoire longue de cette désignation qui remonte à... David ! C'est toute l'histoire des rois d'Israël qui se trouve évoquée d'un mot, et nous amène à réentendre la très ancienne prophétie que fit Nathan au roi David.

Une parole décisive du prophète Nathan à David

L'histoire des rois en Israël fut souvent mouvementée. Aux guerres fréquentes s'ajoutèrent les nombreuses formes d'incurie que l'on peut deviner, qui menaient au délaissement des pauvres pendant que les riches augmentaient leurs richesses. La Torah ou la loi devait, selon l'étymologie même du mot en hébreu, tracer le chemin. Mais elle ne fut manifestement pas la préoccupation première de la plupart d'entre eux. Aussi plusieurs textes bibliques témoignent de la réflexion des prophètes et des sages devant la déception amère du peuple et de tous.

Yotam et Samuel...

Il faut relire, dans le Livre des Juges, le très ancien apologue de Yotam, crié depuis le sommet du mont Garizim à l'adresse des notables de Sichem. Sous forme de fable, il dénonçait en termes très colorés et extrêmement vifs l'accaparement du pouvoir par des hommes pleins de manœuvres, et l'écœurement qu'il suscitait (Jg 9,7-21).

Le prophète Samuel a des paroles assez proches quand le peuple lui demande un roi. Il le met en garde de façon très verte : les rois se taillent la part belle pour eux-mêmes sur le compte du peuple, asservi au lieu d'être servi (1 S 8). Ils auront cependant un roi, puisqu'ils le demandent. Du moins le prophète lui donne-t-il, comme le Seigneur le lui enjoint, l'onction qui l'investit de l'Esprit de Dieu pour réaliser son projet (1 S 16 ; 2 R 9,1-6 ; Is 61 ; Ps 72).

Et Nathan !

David reçut l'onction des mains du prophète Samuel (1 S 16,13), mais s'égara souvent. Cela accrut la réflexion prophétique et conféra dans la Bible une importance centrale à la prophétie que lui adressa Nathan. Il convient de la lire attentivement. Le texte n'est pas dénué — à demi-mots — d'une forme d'humour caustique ou d'une certaine ironie (2 S 7,1-17). David habite en effet — enfin ! — dans un palais magnifiquement décoré, à Jérusalem, et s'interroge de façon assez touchante : « Regarde ! », dit-il au prophète Nathan, « J'habite dans une maison de cèdre, et l'arche de Dieu habite sous un abri de toile ! » « Tout ce que tu as l'intention de faire, fais-le, lui répond Nathan, car le Seigneur est avec toi. » Mais, cette nuit-là, la parole du Seigneur fut adressée au prophète : « Va dire à mon serviteur David : "Ainsi parle le Seigneur : Est-ce toi qui me bâtiras une maison pour que j'y habite ?" »

Le Seigneur rappelle alors la longue histoire du peuple d'Israël, depuis la sortie d'Égypte jusqu'à David, tout entière portée par sa prévenance. Il nous faut noter, au fil de ce texte, des mots particulièrement précieux au regard du récit de Matthieu : « Depuis le jour où j'ai fait monter d'Égypte les fils d'Israël et jusqu'à ce jour, je n'ai jamais habité dans une maison ; j'ai été comme un voyageur, sous la tente qui était ma demeure. Pendant tout le temps où j'étais comme un voyageur parmi tous les fils d'Israël, ai-je jamais demandé [...] : "Pourquoi ne m'avez-vous pas bâti une maison de cèdre ?" Tu diras donc à mon serviteur David : Ainsi parle le Seigneur de l'univers [...] : "Le Seigneur t'annonce qu'il te fera lui-même une maison. Quand tes jours seront accomplis et que tu reposeras auprès de tes pères, je susciterai dans ta descendance un successeur, qui naîtra de toi, et je rendrai stable sa royauté." »

La prophétie annonce Salomon, mais elle a été sans cesse relue. Tous les rois, en effet, et Salomon lui-même, malgré toute sa grandeur largement chantée par la Bible, déçurent l'attente. On retrouve ainsi des traces de l'oracle de Nathan à travers l'ensemble de la Bible[1].

1. Dans les psaumes (2 ; 71 ; 88,1-52 ; 109 ; 131), dans plusieurs grandes prophéties messianiques (Is 7,10-25 ; 9,1-6 ; 11,1-5) ou à connotations messianiques (Mi 5,1-4 ; Jr 23,5-6 ; 30,8-9.18.20-21 ; 33,17-26 ; Ez 17,22-24 ; 34,23-26.30-37 ; 37,24-30 et encore en Ag 2,21-22 ; Za 9,9-10 ; 12, 8.10-14). On pourrait évoquer encore Si 51,12 ; 45,15 ; 47,11.22 ; 49,1-5 ; 1 M 2,57, puis les Psaumes de Salomon, qui font entrer dans la période intertestamentaire. *Cf.* le livre de J. Coppens déjà cité : *Le messianisme royal...*

Au temps de Jésus

L'attente d'un [vrai] messie !

Au temps de Jésus, le poids du joug romain accentue l'effervescence messianique. Elle est vive en Galilée, plus encore peut-être qu'en Judée. Au centre des attentes figure la restauration de l'indépendance et de la puissance d'Israël[1]. Les Psaumes de Salomon en témoignent, de même que la très ancienne prière du *Chemoné esré* ou des « Dix-huit [bénédictions] », récitée trois fois par jour par tout Juif pieux, qui demande à Dieu de rétablir le trône de David dans la Jérusalem restaurée.

La croyance en un fils de David guérisseur…

On trouve également au temps de Jésus une attente liée au fils de David comme guérisseur et faiseur de miracles, dans la ligne de ce qui est dit de Salomon par la Bible, expert en arbres et plantes (1 R 5,9-14). Il est significatif à cet égard que le titre de « fils de David » soit associé souvent, dans l'Évangile, à la demande faite par des possédés ou des malades de les guérir.

1. *Cf.* par ex. G. Theissen, *L'ombre du Galiléen. Récit historique*, Paris, Cerf, 1989 ; P. Grelot, « Les croyances populaires », art. cité.

Dans la foi chrétienne naissante, la filiation davidique de Jésus, une tradition bien établie

La filiation davidique de Jésus semble être solidement attestée dans le christianisme primitif, comme le montre un texte majeur de l'apôtre Paul parlant de Jésus : « issu selon la chair, de la lignée de David, établi, selon l'Esprit saint, Fils de Dieu avec puissance, par sa Résurrection d'entre les morts, Jésus-Christ notre Seigneur » (Rm 1,3-4).

Il n'était guère concevable pour Paul, à une date si rapprochée des événements, de parler de la filiation davidique de Jésus si ce fait avait été sujet à caution. Du même coup, c'est l'importance d'une donnée concrète et historique qui s'affirme. Le titre de « fils de David » n'est pas uniquement un titre du roi messianique, il désigne aussi une ascendance, un enracinement humain.

« De la lignée de David selon la chair » atteste la fermeté de la tradition illustrée par les Évangiles de l'enfance (Mt 1-2 et Lc 1-2), mais signale aussi la difficulté rencontrée, dès les premiers temps de la proclamation de la foi chrétienne, à rendre compte de l'identité de Jésus. Est-il juste de l'affirmer « fils de David » ? Est-ce là véritablement son identité, puisqu'on le proclame Fils de Dieu ? Et pourtant, comment taire cet enracinement, irréfutable, dans une lignée humaine ? La question sera posée par Jésus lui-même, à l'approche de la Passion, dans les controverses qui l'opposent aux pharisiens à Jérusalem (*cf.* Mt 22,41-45).

Matthieu au confluent des traditions

Le titre apparaît chez lui dès l'ouverture de son Évangile (1,1). Il est repris dans la généalogie qui étaye ce titre (1,2-16). On le retrouve quelques versets plus loin, appliqué à Joseph (1,20). Sept autres fois dans l'Évangile, dans cinq épisodes différents, il revient dans la bouche de personnes *interpellant* Jésus sous ce titre (9,27 ; 12,23 ; 15,22 ; 20,30.31 ; 21,9.15). Il faut faire une place particulière à Mt 22,42-45, où l'expression n'est pas utilisée comme titre, mais intervient lors d'un débat sur l'origine du Messie : n'est-il pas le fils de David ? Ces différents textes éclairent singulièrement l'usage de cette appellation dans les acclamations des foules et celles des enfants en Mt 21.

Jésus, fils de David !

Dès les premiers mots de l'Évangile de Matthieu, Jésus est déclaré « Christ, fils de David, fils d'Abraham ». S'ouvre alors la généalogie de Jésus, qui inscrit Joseph dans la longue lignée de David. Ainsi, l'ange l'interpelle : « Joseph, fils de David, ne crains pas... » (1,20). C'est la seule fois de l'Évangile où cette désignation ne vise pas Jésus, mais Joseph. Le regard que nous porterons sur Mt 22,42-45 nous amènera à revenir sur ce premier emploi de l'expression chez Matthieu.

Le titre est à nouveau utilisé dans les deux récits de la guérison, chaque fois, de deux aveugles, particularité de Matthieu. Dans le premier récit, Jésus est interpellé comme « fils de David » (9,27-31), dans le second, comme « Seigneur, fils de David » (20,29-34). Du premier au second récit — qui précède immédiatement l'entrée à Jérusalem — s'opère une progression dans la reconnaissance de l'identité de Jésus, qui prépare notre récit.

Matthieu porte à l'évidence un intérêt particulier à l'aveuglement : les aveugles sont guéris, tandis que les yeux des pharisiens, délibérément, s'alourdissent (*cf.* Mt 22,41-46) ! Les uns sortent de la cécité, les autres s'obstinent et s'y enfoncent, cécité physique des uns, et spirituelle des autres. Celle des pharisiens sera durement stigmatisée par Jésus, en une quintuple invective, au chapitre 23 (v. 16, 17, 19, 24, 26, des passages propres à Matthieu).

Les aveugles guéris, les pharisiens de plus en plus aveugles et muets

En Mt 12,22-24, les pharisiens expriment vivement leur refus de ce « fils de David ». On ne s'étonnera pas que Jésus stigmatise durement « cette génération », en des paroles qui résonnent très singulièrement pour nous : lors du jugement, « les hommes de Ninive se lèveront [...] car il y a ici *plus que* Jonas. » De même, « la reine du Midi se lèvera lors du jugement avec cette génération et elle la condamnera, car elle vint des extrémités de la terre pour écouter la sagesse de Salomon, et il y a ici *plus que* Salomon ! » (12,41-42). Plus, donc, que… le fils de David !

Ainsi se trament ou se tissent discrètement mais solidement, dans l'Évangile de Matthieu, des thématiques essentielles : le titre royal de celui qui est inscrit dans la lignée de David et le thaumaturge qu'interpellent aveugles et boiteux en implorant la guérison, la présentation de Jésus comme « fils de David » et peut-être « plus que » fils de David. L'Évangile de Matthieu laisse apparaître, de façon croissante, la non-foi et le refus d'Israël, tandis qu'aveugles, muets et démoniaques, étrangers et païens (Mt 15,22-28) le reconnaissent et lui font accueil.

Peu à peu s'opère un clivage et même une inversion : les laissés-pour-compte et exclus de la loi (aveugles et possédés) aussi bien que les étrangers placés initialement hors de la mission de Jésus (1,21 ; 2,6) bénéficient du salut dont il est porteur (*cf.* 1,21), tandis qu'Israël prononce lui-même sa mise à l'écart, sa condamnation, ce que les chapitres 21-22 confirment, ainsi que le chapitre 23.

Il est le fils de David !

En Mt 21,9, l'acclamation des foules revêt une signification royale. Au v. 15, dans la bouche des enfants, elle suit le récit des guérisons d'aveugles et de boiteux dans le temple par Jésus, et ne reprend pas la bénédiction à « celui qui vient au nom du Seigneur ». Rappelant par ses mots la portée royale du cri des foules sur le chemin, celui des enfants reconnaît ou salue en Jésus le messie guérisseur que les différents textes qui viennent d'être évoqués mettent en valeur. Mt 21 opère ainsi, à l'entrée de Jérusalem et aux portes de la Passion, la jonction des deux traditions.

Mais il y a plus. L'interpellation n'est plus une supplication comme dans les récits précédents, mais bien une acclamation et donc la reconnaissance de Jésus comme fils de David. La supplication des aveugles (9,27 ; 20,30-31) et de la Cananéenne (15,22) reconnaissait Jésus comme tel en l'implorant de leur donner la guérison. Les foules, en 12,23 s'interrogeaient : « Celui-là n'est-il pas le fils de David ? » Elles franchissent ici un seuil décisif dans une proclamation sans retour de Jésus comme fils de David. Il s'agit bien en effet d'une acclamation en l'absence de toute requête, une acclamation gratuite, de reconnaissance.

Foules anonymes et enfants acclament et reconnaissent Jésus, tandis que les grands prêtres et les scribes sont saisis de tremblement (« toute la ville » est en séisme, v. 10) et interrogent Jésus sur sa façon de les entendre (v. 16), eux qui auraient pourtant tout pouvoir de les faire taire. La problématique du refus d'Israël entre dans une nouvelle phase, qui mènera, dans la ville sainte, à la mise à mort de Jésus entrevue dès le début de l'Évangile (*cf.* 2,3, où le roi Hérode s'était ému, « et tout Jérusalem avec lui »).

Seigneur ou fils de David ?

Le dernier texte dans lequel apparaît chez Matthieu le titre de « fils de David » est particulièrement intéressant, car il croise les problématiques qui sont au cœur de notre récit. C'est aussi un des moments essentiels du débat opposant les pharisiens à Jésus (Mt 22,41-46). Ils sont réunis, et Jésus leur pose la question : « Quelle est votre opinion au sujet du Christ [ou messie] ? De qui est-il le fils ? » Ils lui disent : « de David ». Jésus leur demande alors : « Comment donc David, inspiré par l'Esprit, peut-il l'appeler "Seigneur" ? » Il cite ici le Ps 109, sachant qu'aux yeux de tous, les psaumes sont les « psaumes de David ». Il poursuit : « Si donc David l'appelle Seigneur, comment peut-il être son fils ? » Tous se taisent. Et « à partir de ce jour-là, nul n'ose plus l'interroger ».

Le titre de « fils de David » rend-il compte de l'identité profonde de Jésus ? Non. Il faut ici relire Mt 1,20 : « Joseph, fils de David, ne crains pas de prendre chez toi Marie, ta femme, car ce qui a été engendré en elle vient de l'Esprit saint… » L'enfant n'est pas de Joseph, il est de Dieu, et c'est dans le don du nom par Joseph, sur l'ordre de l'ange, que Jésus est instauré fils de David (Mt 1,21).

La question de Jésus aux pharisiens en 22,42 prend alors une couleur ou une saveur particulière. La question est apparemment banale, en grec : « que vous en semble ? » Répondre, comme le font les pharisiens, que le Messie est fils de David est exact, et nous avons vu comment Paul l'affirme avec force (Rm 1,3-4). Pourtant, cette désignation demeure une approximation, que le débat engagé ici entre Jésus et les pharisiens souligne. Affirmer comme ils le font que le Messie est fils de David est loin encore de la vérité, c'est demeurer dans l'apparence. Ce que soulignait peut-être, justement, la question de Jésus : « que vous en *semble* ? » Le Messie « qui vient » n'est pas identifié quand on dit de lui seulement qu'il est « fils de David », car il est Fils de Dieu (Mt 4,3 et 6 ; 8,29 ; 14,33 ; 16,16 ; 26,63 ; 27,40.43 et 54). Mais les pharisiens ne peuvent se départir du domaine des apparences, et se refusent même à l'imaginer.

Ainsi le titre de « fils de David » ne dit-il qu'une part de l'identité de Jésus, une part essentielle, puisqu'elle atteste son enracinement dans une lignée humaine, en même temps que la fidélité de la promesse de Dieu, dont témoigne la généalogie (1,1-17). Mais à tout homme « juste » (*cf.* 1,19) l'ange du Seigneur peut révéler plus grand encore, une réalité non visible, issue de Dieu et de Dieu seul (1,20). L'expression « fils de David » exprime ainsi ce qui est visible d'un mystère autre. Aux yeux de chair est celé ce qui est né de l'Esprit (*cf.* Jn 3,1-13 ou Mt 11,25-27).

En cela, l'expression demeure comme une affirmation intermédiaire, inadéquate à rendre compte de l'identité du Christ[1], et elle ne sera pas retenue par la suite. Elle représente cependant un maillon essentiel de la constitution de la christologie : lorsque le dogme chrétien déclarera Jésus « vrai Dieu et vrai homme », il déploiera le double aspect du mystère de sa personne, dans la ligne de l'affirmation centrale de Paul (Rm 1,3-4), que nous avons lue, et des affirmations de Matthieu que nous venons de lire.

L'écho du hosanna dans « les hauteurs des cieux »...

Peut-être trouvons-nous dans la suite de l'acclamation des foules une confirmation de ce que nous venons de lire. Matthieu lui-même semble, en effet, faire éclater le « hosanna au fils de David », dans le parallèle qu'il établit et une sorte d'équivalence avec le « hosanna aux plus hauts des cieux ».

La première particularité qu'il faut noter est la forme singulière de l'expression en grec. Le « hosanna » était adressé au fils de David comme un titre généreux, une forme de reconnaissance (en grec, un datif). Le second

1. *Cf.* W. R. G. Loader : « La tradition messianique davidique n'est pas, par là même, abandonnée. Elle est accommodée et transposée à une clé supérieure [...]. Le contexte suggère que l'on ne peut utiliser les catégories messianiques juives traditionnelles qu'en un sens transposé » (« Son of David, blindness, possession, and duality in Matthew », *The Catholic Biblical Quarterly* 44, 1982, p. 570-585, ici p. 582-3).

est appelé à résonner « dans » les hauteurs des cieux (en grec, un datif construit avec la préposition *én*, c'est-à-dire un locatif). Ainsi le « hosanna » des foules n'est pas jeté vers les cieux mais appelé à y résonner comme en sa juste place : « dans les hauteurs des cieux — littéralement : le(s) plus haut(s), sans complément ».

Cette expression apparaît fréquemment dans la Bible grecque. Elle y désigne Dieu lui-même, le « Très Haut », et ce qui en est proche dans les hauteurs du ciel : sa justice et la louange. Mais sous la forme exacte qu'elle revêt chez Matthieu, c'est uniquement dans le Ps 148 qu'on la trouve, un psaume dans lequel la création tout entière est appelée à louer le Seigneur, à commencer par tout ce qui se trouve dans les « hauteurs » (v. 1), car son nom est « au-dessus de tout nom » et « sur le ciel et sur la terre, sa splendeur » (v. 13).

Le « hosanna aux (ou dans les) plus hauts des cieux » instaure dès lors une sorte d'écho aux acclamations des foules, dans les hauteurs des cieux où se trouvent les troupes célestes, les anges et les armées, les astres et les cieux des cieux. La louange des foules devient alors cosmique, mais d'une certaine façon s'y articule une voix venue d'ailleurs, du ciel lui-même, car comment sinon s'y établirait-elle comme en son lieu propre ? Cette voix est semblable à celle qui se laisse entendre dans les premiers versets de Luc, lors de la naissance de Jésus à Bethléem, « cité de David » : « Gloire à Dieu aux plus hauts des cieux [même forme que chez Matthieu], et paix sur la terre aux hommes qu'il aime » (Lc 2,11-14).

Le double « hosanna » (« au fils de David » et « dans les hauteurs ») instaure donc un écart empêchant toute assimilation du cri à une simple acclamation d'un messie politique. Il met en même temps en relation la terre et le ciel, les hommes et Dieu, dans une révélation qui dépasse l'homme. Le cri revêt ainsi une importance théologique plus grande qu'il n'y paraît.

La reprise de ce cri dans la liturgie chrétienne ne participe-t-elle pas de ce mouvement, dans lequel la voix exprimant avec audace la reconnaissance du Christ dans celui qui vient échappe à l'homme ? Comme le dit Paul, ce n'est que dans l'Esprit que l'on peut dire « Christ est Seigneur » (1 Co 12,3).

Le hosanna des enfants dans le temple !

Cette acclamation intervient dans la séquence suivante du récit de Matthieu, mais c'est ici qu'il faut en rendre compte, puisqu'elle fait écho, dans le temple, à celle des foules sur le chemin. À ce titre, elle contribue à l'unité du récit. L'entrée messianique dans la ville et l'action de Jésus dans le temple sont étroitement liées, comme une même action ou un même mouvement : la venue du Seigneur dans la ville et dans le temple.

L'acclamation, au v. 15, est assez sobre. Elle s'exprimait en trois séquences dans la bouche des foules ; ici, elle est simple : « Hosanna au fils de David ! » Il se peut que Matthieu ait veillé à ne pas alourdir son récit par la réitération d'une acclamation ample. Mais peut-être aussi n'est-il plus de mise, dans le temple, d'acclamer « celui qui vient », car en cet instant du récit, il est désormais venu, présent au cœur du temple, ainsi que Malachie l'annonçait (Ml 3,1). Avec l'entrée de Jésus dans le temple et l'action qu'il y a menée, la parole du prophète est réalisée, et a pris corps le jugement annoncé par le prophète (*cf.* encore Ml 3,1-3 ; Za 14,21).

On remarque que l'acclamation est rapportée dans le récit en style indirect, nous l'avons noté : « voyant les prodiges qu'il venait d'accomplir et les enfants qui criaient dans le temple : "Hosanna au fils de David !" » Les enfants ne sont en effet présents dans le récit que dans ce discours rapporté et n'existent pour ainsi dire que par reflet, dans le regard des grands prêtres et des scribes. Si l'acclamation des foules au v. 9 résonnait « dans les plus hauts des cieux » comme en un acquiescement céleste à leur cri, Jésus reconnaît dans les acclamations des enfants, par le rappel du psaume 8, une « louange » au « Seigneur », de la bouche « des enfants et des nourrissons ». Le récit établit ainsi à nouveau une équivalence entre les titres « fils de David » et « Seigneur », et il apparaît à nouveau sans équivoque que l'acclamation est bien avant tout et uniquement religieuse et non politique.

Le récit met en opposition les enfants (associés à ces autres petits que sont les aveugles et les boiteux) avec les grands prêtres et les scribes. L'Évangile de Luc oppose les humbles et les orgueilleux (*cf.* Lc 1,52). Ce thème représente également chez Matthieu une constante : le choix délibéré de Dieu en faveur des petits (*cf.* Mt 2,13-18 ; 5,1 et suiv. ; 11,25-30 ; 18,1-7, où était évoqué le scandale des petits ; 20,24-28 ; 25,31-46).

L'intervention des enfants dans le temple, assez surprenante en elle-même, surtout placée en équivalence du psaume 8,3, qui les rajeunit encore pour en faire des « tout-petits et nourrissons », est ainsi très homogène à l'ensemble du récit matthéen, et parfaitement en place ici, pour acclamer le messie humble et pourtant Seigneur.

Deuxième mouvement

La prière qui plaît à Dieu

Nous pouvons poursuivre la lecture du récit dans la même attention aux voix qui s'y expriment et à la polyphonie qu'elles instaurent.

L'ENTRÉE DANS LA VILLE

SÉISME, ÉBRANLEMENT TOTAL

La figure du « séisme » est très largement attestée dans la Bible en des contextes apocalyptiques, c'est-à-dire liés à la manifestation du Seigneur, et fréquemment à sa venue pour le jugement : il intervient et la terre tremble[1]. S'il en est ainsi, l'emploi du mot « séisme » (ici le verbe) conforte

1. *Cf.* par ex. Jg 5,4 ; 2 S 22,8 ; Jb 9,6 ; Ps 67,8 ; Is 13,13 ; 24,18.20 ; Jr 8,16 ; 49,21 ; 50,46 ; 51,29 ; Ez 26,10.15 ; 31,16 ; Am 9,1 ; Na 1,5 ; 1 Mac 1,28 ; 9,13. Cette liste n'est pas exhaustive, mais l'on s'aperçoit que le verbe *seiô* est particulièrement utilisé dans la littérature prophétique. En Jl 2,10, il s'agit même de l'ébranlement des cieux.

la lecture, dans le récit de Matthieu, d'une manifestation, d'une révélation du Seigneur.

Le mot « séisme » apparaît quatre fois chez Matthieu (une seule fois chez Marc et chez Luc). Et le verbe *seiô*, trois fois (aucun emploi chez Marc ou Luc). Il s'agit, on le voit, d'un trait propre à Matthieu. Il apparaît chez lui en cinq contextes : la tempête apaisée (8,24), l'entrée à Jérusalem (21,10), le discours eschatologique (24,7), la mort de Jésus (27,51.54) et la Résurrection, lorsque l'ange de Dieu descend du ciel pour rouler la pierre qui fermait le tombeau (28,2.4) ; en des moments, donc, de manifestation majeure du Seigneur.

Ce qui se passe lors de l'entrée de Jésus dans la ville est ainsi — Matthieu l'indique par l'emploi de ce verbe — de l'ordre d'une révélation. Ce que nous avons pressenti dans les premiers versets du récit se confirme donc : ce qui se déroule ici est bien la venue du « Seigneur » en son temple (*cf.* Ml 3 et Za 14, évoqués, en particulier, à propos du mont des Oliviers).

UNE QUESTION

L'expression du « séisme » dans la ville est étonnante. Pour tout émoi et tout bouleversement, en effet, la ville exprime simplement une question : « Qui est-ce ? » Une comparaison étroite du texte avec le psaume 24 (23) (v. 8 et 10) montre la très possible référence ici au psaume.

Nous avons pu entrevoir sa structure dialogale, qui le rapproche du psaume 118 (117) que nous avons commenté. Dans les deux cas, le rôle des prêtres est d'accueillir et de bénir les pèlerins, les invitant à une véritable profession de foi, à affirmer qu'ils s'approchent en effet du « roi de gloire [...], le Seigneur, le fort, le vaillant, le Seigneur, le vaillant des combats ». Pour toute réponse et profession de foi, de l'intérieur de la ville, on interroge !

LA RÉPONSE VIENT DES FOULES

Les foules — figure, jusqu'aux portes de Jérusalem, de la lointaine et méprisable Galilée — ont acclamé joyeusement le « fils de David [...] qui vient au nom du Seigneur ». Elles répondent à la ville que « c'est le prophète Jésus, de Nazareth en Galilée » (Mt 21,10-11). Devons-nous interpréter leur réponse comme une sorte de rétractation ou de revue à la baisse de leur acclamation sur le chemin, face à l'opposition vigoureuse de la ville ? Peut-être est-ce plutôt, dans le récit de Matthieu, un rappel sans ambages à la ville, que celui qu'elles suivent et acclament vient de Dieu et parle en son nom. La ville, alors, pourrait-elle refuser sa voix ?

La grande tradition prophétique

La réponse des foules renvoie bien sûr au grand courant prophétique qui marqua Israël tout au long de son histoire, depuis les bandes de « frères prophètes » ou « fils de prophètes » (1 S 10,5 et suiv. ; 19,20-24 ; etc.) et Samuel « le voyant » (1 S 9,9) jusqu'au jour où la voix prophétique se tut en Israël, au temps des derniers grands prophètes, et sans que l'on sût jusqu'à quand (*cf.* Ps 74 [73], 9)[1]. Dans la suite du récit, Jésus citera encore, dans le temple et avec une autorité étonnante, les paroles des prophètes Jérémie et Isaïe, joignant de surcroît le geste à la parole (Mt 21,13).

Le « prophète comme Moïse » ? (Dt 18,18)

Il existait dans le judaïsme, depuis la « fermeture des cieux », une attente du jour où Dieu interviendrait et « déchirerait les cieux » (Is 63,19) pour investir de l'Esprit le prophète des « temps nouveaux »[2], ce que les Évangiles mettent peut-être en scène dans le récit du baptême et

1. *Cf.* 1 Maccabées 9,27. Ou encore : « Depuis que sont morts Aggée, Zacharie et Malachie, qui sont les derniers prophètes, l'Esprit saint a cessé en Israël » (T. Sota, XIII, 2 ; Sota, 48b ; Yoma, 9b ; Sanh, 11a). *Cf.* A. Paul, *Intertestament,* Cahiers Évangile 14, Paris, Cerf, 1975, p. 48-52.

2. « On disait couramment, que les cieux s'ouvriraient lors de la venue du Messie, afin que le Prophète des "temps nouveaux" puisse recevoir l'Esprit. Ce prophète, on l'identifiait parfois à Moïse, en référence à cette phrase du Deutéronome : "Yahwé ton Dieu suscitera pour toi... un prophète comme moi" (Dt 18,18) ; on le représentait surtout sous les traits d'Élie... » (A. Paul, *Intertestament..., op. cit.*, p. 50).

de la transfiguration de Jésus (Mt 3,16-17 ; 17,1-8). Mais Matthieu présente Jésus, dès les récits de l'enfance et dans tout son Évangile (*cf.* le discours sur la montagne ; Mt 5-7) comme le nouveau Moïse. Ce n'est donc probablement pas cette lecture qu'il faut privilégier ici. De surcroît, les foules parlent du « prophète de Nazareth en Galilée », ce qui oriente vers une autre compréhension. Il semble d'ailleurs que l'attente liée à l'annonce du Deutéronome (Dt 18,18) n'ait pas tenu dans le judaïsme, ni dans les attentes populaires au temps de Jésus, toute la place qu'on lui attribue parfois trop rapidement[1].

Un prophète populaire, dans la lignée d'Élie ?

On utilisait volontiers, au temps de Jésus, le terme « prophète » pour désigner certains leaders charismatiques, qui ne manquèrent pas, et qui soulevaient les foules en cristallisant leurs attentes. Ces prophètes populaires s'inscrivaient confusément dans la lignée d'Élie, qui n'hésita pas à tenir tête au roi Achab pour défendre la justice (1 R 21), ou d'autres grands prophètes qui eurent les mêmes revendications vigoureuses (Isaïe, Amos, Jérémie...). Theudas, vers 44 (Ac 5,36) ou, vers 58, l'Égyptien dont ne nous est pas donné le nom, affichèrent de telles prétentions

1. R. A. Horsley, « "Like One of the Prophets of Old" : Two types of popular prophets at the time of Jesus », *The Catholic Biblical Quarterly* 47, 1985, p. 435-463.

(Ac 21,38)[1]. De tels hommes incarnaient l'espérance des foules en un avenir meilleur, et donnaient corps à leurs espérances de voir bouté hors de leurs frontières l'occupant romain qui avait mis le comble à leur pauvreté. En plus de la réduction des libertés et des humiliations, l'aggravation d'impôts déjà lourds ruinait en effet les paysans et les gens du petit peuple, et les rendaient disponibles, par usure, à toute idée de soulèvement[2]. De tels mouvements faisaient irruption dans la capitale par l'est, et donc par le mont des Oliviers. Celui-ci, outre son caractère de montagne eschatologique (Za 14,4 et suiv.), était donc, dans une vision politique, le lieu d'où les « troupes » du désert pouvaient surgir lorsqu'elles montaient à l'assaut de la ville dans les mouvements de libération populaire.

Lorsque les foules désignent Jésus comme « prophète de Galilée », ne désigneraient-elles pas en lui ce type de prophète ? Elles purent en effet nourrir autour de Jésus de telles attentes (*cf.* Jn 6,15), mais ce n'est pas la ligne que suit Matthieu dans son récit, on a pu s'en rendre compte.

---

1. Flavius Josèphe nous éclaire sur l'existence de tels « prophètes » au temps de Jésus (*cf.* Ant. XX, 5, 1 ; B.J. II, 13, 5 ; Ant., XX, 8, 6).

2. Dans une bibliographie abondante, voir G. Theissen, *L'ombre du Galiléen*, *op. cit.*

Suivre Matthieu

Matthieu utilise de façon fréquente le terme « prophète » (trente-sept fois ; Marc, cinq fois, et Luc, trente). Il est intéressant ici de le suivre.

Les foules tiennent Jésus et Jean-Baptiste pour des prophètes

Peut-être le titre de « prophète » est-il l'un des plus — sinon le plus — anciens attribué à Jésus durant sa vie publique. Beaucoup le pensent. Mais il tomba peu à peu dans l'oubli par la suite, parce qu'il ne suffisait pas à rendre compte de la réalité beaucoup plus riche découverte en lui.

Comme Jean-Baptiste, Jésus est en effet tenu par la foule pour un prophète. Nous le lisons pour Jean en 14,5 et 21,26, pour Jésus en 16,14, lors de la profession de foi de Pierre — où sont nommés Élie et Jérémie, à qui les foules identifient Jésus —, ainsi qu'en 21,11 et 46. Cet attachement des foules protège, du moins pour un temps, Jean-Baptiste (14,5) et Jésus (21,26 et 46) de la mort que fomentent Hérode contre Jean, et les grands prêtres, anciens et pharisiens contre Jésus.

Mais ils sont, tous deux, plus que des prophètes

Jésus, en effet, affirme à plusieurs reprises aux foules que Jean-Baptiste est plus qu'un prophète (11,9 et 14). De même est-il lui-même plus grand que Jonas (12,39-41 ; *cf.* 13,17) et même que Salomon (12,42). Jésus invite à regarder plus loin, et affirme de façon surprenante que Jean-Baptiste « est cet Élie qui doit revenir » (*cf.* Ml 3,1.23). Après la transfiguration, il insiste auprès de ses disciples : « Élie est déjà venu et ils ne l'ont pas reconnu. De même le Fils de l'Homme aura lui aussi à souffrir d'eux. » Les disciples comprennent alors que ses paroles visent Jean le Baptiste (17,12-13). Matthieu a, dès le début de son évangile, fait le récit de son arrestation, puis de sa mort (4,12 ; 14,3-12). S'il en a été ainsi du précurseur, qu'en sera-t-il de celui qu'il annonce ? On perçoit ici l'ombre de la Passion pour Jésus.

Mais si Jean est désigné comme « cet Élie qui doit revenir », nous sommes ramenés, une fois encore, au grand texte de Malachie (Ml 3,1.23-24) et à comprendre que Jean était bien le précurseur de la venue « du Seigneur », qu'il désignait « derrière lui » en la personne de Jésus (Mt 3,11) et qui entre ici à Jérusalem et dans le temple. Les temps eschatologiques sont arrivés, telle est la signification de l'annonce de Jean. Mais ils sont placés sous le signe de l'opposition radicale d'Israël (21,45) et de la mort du fils.

Jérusalem tue les prophètes !

C'est dans ces mots, en effet, que Jésus s'adresse à la ville, nous l'avons vu : « Jérusalem, Jérusalem, toi qui tues les prophètes et lapides ceux qui te sont envoyés... » (23,37). À Nazareth, Jésus avait adressé déjà un semblable reproche à ceux de sa « patrie », mais il était encore loin de la violence qu'il prend ici : « Un prophète, disait-il, n'est méprisé que dans sa patrie et sa maison » (13,54-57). Matthieu montre la montée dramatique d'un tel destin et d'un tel scandale, qui au chapitre 23 s'exprimera de la façon la plus vive. Jésus y évoquera à cinq reprises la violence faite depuis toujours aux prophètes (v. 29, 30, 31, 34, 37)[1]. Jérusalem, qui tue les prophètes, le tuera lui aussi.

Le conflit entre Jésus et les scribes et les pharisiens est à son comble, la rupture est consommée sur le fond. Ce qui adviendra dans les faits ne peut que le manifester brutalement. Ce sera la chute pour la « maison » d'Israël (23,38), et la mort du juste (27,19 et 54), que l'on aura encore raillé durant sa Passion : « Fais donc le prophète, Christ ! » (26,68) et au pied de la croix : « Voici qu'il appelle Élie ! » (27,47).

1. En des versets extrêmement proches : « Malheur à vous scribes et pharisiens hypocrites, vous qui bâtissez les sépulcres des prophètes et décorez les tombeaux des justes… (v. 29), tout en disant : "Si nous avions vécu du temps de nos pères, nous ne nous serions pas joints à eux pour verser le sang des prophètes…" (v. 30). Ainsi, vous témoignez contre vous-mêmes, vous êtes les fils de ceux qui ont assassiné les prophètes ! (v. 31 ; *cf.* 5,12). Eh bien, vous comblez [vous portez à la plénitude, vous accomplissez] la mesure de vos pères » (v. 32). Le réquisitoire n'est pas clos : « j'envoie vers vous des prophètes, des sages et des scribes [ici, le temps s'ouvre au futur, indiquant clairement le temps de l'Église] : vous en tuerez… » (v. 34). Le v. 37, déjà cité, le redit enfin avec véhémence et peut-être dépit, comme un cri de souffrance : « Jérusalem, Jérusalem, toi qui tues les prophètes et lapides ceux qui te sont envoyés. » *Cf.* H. Cousin, *Le prophète assassiné. Histoire des textes évangéliques de la Passion*, Paris, J.-P. Delarge, 1976.

Le prophète de Nazareth en Galilée

Les foules désignent Jésus comme le prophète « de Nazareth en Galilée ». Nazareth apparaît trois fois dans l'Évangile de Matthieu. Une première fois quand l'ange avertit Joseph en songe, après la fuite en Égypte, de ne pas revenir en Judée. Joseph se retire alors « dans la région de Galilée » et vient « s'établir dans une ville appelée Nazareth ». Matthieu en parle comme d'une ville qui n'est pas connue, non pas « la ville de Nazareth », mais « une ville appelée Nazareth » (2,23).

La Galilée apparaît ainsi, au début du récit de Matthieu, comme un détour imposé, en raison du refus par Hérode de toute ombre de rivalité. Le prix de cette jalousie a été évoqué avec clarté : la mort du rival, que fomenta Hérode, envoyant tuer « tous les enfants jusqu'à l'âge de deux ans à Bethléem et dans toute la région, d'après la date qu'il s'était fait préciser par les mages » (2,16), et le spectre maintenant d'un Archelaüs aussi affamé de pouvoir !

Jésus quitte Nazareth — ou « Nazara » — au début de son ministère pour « s'établir à Capharnaüm ». S'accomplit alors ou trouve « plénitude » l'oracle d'Isaïe désignant la Galilée comme le lieu où renaît la lumière pour le peuple de la nuit (Is 8,23-9,1 ; Mt 4,15-16)[1]. La

1. « La Galilée, note P. Beauchamp, lui sert d'habitat transitionnel » (« Matthieu et l'héritage d'Israël », *Recherches de science religieuse* 7, 1988, p. 23).

Galilée fera également corps, d'une certaine façon, avec Jésus, au moment de sa Passion (27,55), et c'est là que seront rassemblés les disciples à la fin de l'Évangile, pour leur envoi en mission universelle par le Ressuscité (Mt 28,7.10.16 ; *cf.* 26,32). Ainsi la Galilée est-elle aux antipodes de Jérusalem, qui s'oppose aux desseins de Dieu. On aura lu entre deux les quelques versets dans lesquels Jésus évoque « sa patrie » (13,54-57). Puis Nazareth est à nouveau nommée, avec la Galilée, au chapitre 21.

Le « prophète de Nazareth en Galilée » est donc celui qu'accompagnent et reconnaissent les foules de ces régions de l'anti-Jérusalem. Cela est si vrai que la reconnaissance par les foules de Jean-Baptiste et de Jésus comme prophètes protégera Jésus — pour un temps — de la mort que projettent contre lui, à la suite d'Hérode (Mt 2,13 et 4,12), les scribes et les pharisiens (*cf.* 21,26.46).

Dans notre récit s'opère pourtant une sorte de faille, un tournant décisif. Dans l'échange de paroles entre « la ville tout entière » et les foules, les choses semblent en effet avoir basculé. Elles ont acclamé joyeusement Jésus comme messie, mais commencent désormais à se taire, à réduire l'audace de leur parole. Le terme de ce mouvement sera leur parole inversée, quand les grands prêtres et les anciens auront fini d'apprivoiser cette voix qui les dérangeait (21,26.46). Lorsque les foules auront cessé de reconnaître Jésus comme messie, puis comme prophète, leur voix éteinte cessera de protéger Jésus de la mort. Plus, même : sous l'instigation des chefs, elle l'y mènera.

La foule est ainsi, dans l'Évangile de Matthieu, cet élément intermédiaire et ambivalent entre Jésus et les chefs du peuple : accompagnant jusqu'à l'exaltation la vie, elle peut mener à la mort. En sa versatilité, elle demeure au seuil du mouvement qui conduit le disciple sans retour sur les pas du maître. Convertie ou retournée, détournée par ses chefs, elle ne franchira pas ce seuil.

Lumineuse Galilée

Affirmer Jésus « prophète de Nazareth en Galilée » revêt donc ici une importance décisive : c'est en effet affirmer à la fois son identité de prophète, de porte-parole de Dieu, et la vocation de Jérusalem à l'écouter. C'est aussi, aux portes de la ville, rappeler cette terre adoptée par Dieu, comme Matthieu l'avait souligné avec force au début de son Évangile, quand Joseph s'y retira, avec Marie et l'enfant, au retour d'Égypte, et lorsque Jean fut emprisonné. Jésus quitta alors Nazareth pour Capharnaüm. Matthieu cependant, en rappelant la parole d'Isaïe, affirmait que ce lieu était choisi par Dieu et réalisait la plénitude des Écritures (Is 8,23-9,1 ; Mt 4,15-16[1]). C'est également cela qui est rappelé au lecteur dans la réponse des foules.

1. Nous trouvons dans ces versets l'une des dix « citations d'accomplissement » de l'Évangile de Matthieu, qu'il est possible de

Curieux itinéraire !

Jérusalem, la « ville Sainte » (4,5 ; 27,53), la « ville du grand roi » (5, 35), deviendra en effet bientôt la ville « qui tue les prophètes » (23,37) et crucifiera le « prophète de Galilée », quand la voix des foules, happée par le murmure des maîtres de Sion, aura changé de signe. Plus loin que la mort, une nouvelle voix venue d'ailleurs — des hauteurs des cieux, et donc de Dieu lui-même — désignera à nouveau la Galilée comme lieu de la manifestation du « Ressuscité » (28,1-7). L'économie ancienne sera révolue. La vigne confisquée par Sion et ses chefs (21,33-46) sera confiée à un autre peuple, non plus confiné ou replié sur la montagne sainte, mais au carrefour des peuples dans la Galilée des nations (28,16-20 ; *cf.* 4,15-16). Jésus alors disparaîtra aux yeux de ses disciples, vers les cieux. Là est son lieu natif. Mais pour toujours l'histoire des hommes sera transformée, car la voix du Ressuscité, de celui qui, du pays de Dieu, a traversé la mort, l'a affirmé comme son ultime parole : il est l'Emmanuel, « Dieu avec nous » (*cf.* 1,23) pour toujours (28,20).

Dans cet itinéraire, inscrit dans la géographie des hommes, on reconnaît celui de la « kénose »[1], dit en

---

commenter comme nous l'avons fait plus haut pour celle des v. 4-5 dans notre récit.

1. Étymologiquement, le mot désigne l'anéantissement, l'action de rendre « vide ». Ainsi Paul parle-t-il du Christ qui, au lieu de conserver la gloire divine, s'anéantit en prenant la condition de l'esclave (Ph 2,6-11).

termes différents, mais très proches, par l'hymne primitive citée par Paul dans la lettre aux Philippiens (2,6-11).

La voix des foules à l'entrée de Jérusalem invite encore la ville à l'accueil et à l'écoute de celui qui vient à elle, porteur pour elle peut-être de l'ultime voix de Dieu à Sion, la ville qu'il s'est choisie pour demeure au milieu de son peuple.

CLARIFICATION DANS LE TEMPLE

Au moment où Jésus entre dans la ville, disciples et foules ne sont plus mentionnés. Ils faisaient corps avec le projet de Jésus ; désormais, tout se dira, dans la suite du récit, dans une structure adversative. Jésus y est le seul acteur au milieu d'un environnement hostile. Il entre dans le temple et en appelle, en ce lieu, aux Écritures. Il chasse les vendeurs et les acheteurs, puis bouleverse les tables et sièges des changeurs et des marchands de colombes, « et il leur dit… ».

À qui donc s'adresse cette parole ? Au terme de cette scène, ce seront les grands prêtres et les scribes, les maîtres du temple et des Écritures, qui répondront à Jésus. Non pas à ses paroles, d'ailleurs, mais à ses actes et aux paroles des enfants. C'est donc, à l'évidence, à eux que s'adresse Jésus. De même qu'à l'entrée de la ville, c'était « toute la ville » qui était en séisme, c'est-à-dire au premier chef ceux qui y détiennent le pouvoir politique ou religieux, de même, dans le temple, vendeurs et acheteurs ne sont peut-être que des figures représentatives de tout ce que les grands prêtres et les scribes y tolèrent ou y entretiennent. Ce sont eux, d'ailleurs, les seuls qui ne sont pas muets face à Jésus. Et, de fait, les chapitres suivants ne seront constitués que de controverses entre les autorités de Jérusalem et lui, jusqu'à la fin du récit de la Passion.

CAR IL EST ÉCRIT...

Face aux grands prêtres et aux scribes, Jésus en appelle à l'Écriture, comme il avait dû le faire dans le récit des tentations face à Satan ; est-ce pur hasard ? Il leur dit : « Il est écrit… », et associe, de fait, deux citations des Livres d'Isaïe et de Jérémie. Leur lien apparaît clairement en mettant en regard les textes :

Jérémie (7,11)	**Matthieu (21,13)**	**Isaïe (56,7)**
Cette Maison sur laquelle mon nom a été proclamé, la prenez-vous donc pour une *caverne de bandits* ?	Et il leur dit : « Il est écrit : Ma maison sera appelée maison de prière ; mais vous, vous en faites une *caverne de bandits* ! »	car ma Maison sera appelée « Maison de prière pour tous les peuples ».

La première partie de la réponse de Jésus est une citation d'Is 56,7, la seconde est tirée de Jr 7. Les deux ne sont pas fondues en une seule. Elles sont séparées, si l'on compare les textes, par une parole de Jésus opérant le rapprochement entre les deux citations : « mais vous, vous en faites ». Il s'agit dans les deux cas d'une réflexion sur la nature profonde du temple, désigné comme « [ma] maison », ce mot contribuant à relier les deux. Leur confrontation à leur contexte d'origine est extrêmement instructive.

LES MOTS DU PROPHÈTE ISAÏE

Au milieu des difficultés du retour d'exil, le prophète voit la place ouverte aux étrangers, mais stigmatise l'aveuglement et l'incurie des guetteurs et des bergers d'Israël (des thèmes déjà rencontrés à propos de la citation de Za 9, 5 au v. 5) : « Les guetteurs [d'Israël] sont tous des aveugles, ils ne savent rien ; ce sont tous des chiens muets, incapables d'aboyer [...]. Ils suivent tous leur propre chemin, chacun, jusqu'au dernier, cherchant son intérêt » (Is 56,10-11). Mais que se réjouissent les étrangers « qui observent les sabbats (du Seigneur)... » (56,6) : « je les mènerai à ma sainte montagne, je les comblerai de joie dans ma maison de prière [...]. Car ma maison sera appelée maison de prière pour tous les peuples » (56,6-7).

Isaïe en appelle au respect de la justice et des « sabbats du Seigneur » face au dévoiement des « guetteurs d'Israël » qui entraîne « la mort du juste [...] sans que personne y prenne garde » (57,1). Il annonce aussi l'ouverture de la « maison du Seigneur » aux étrangers qui s'attachent à lui, aiment son nom et gardent son alliance. Car c'est là ce qui plaît au Seigneur : « Gardez le droit et pratiquez la justice, car mon salut est sur le point d'arriver et ma justice, de se dévoiler » (56,1).

Les paroles d'Isaïe, prises dans leur contexte, invitent à relire le récit de Matthieu d'un œil plus averti. Elles dénoncent en effet la défection totale des guetteurs d'Israël qui ont failli par insouciance, aveuglement, et en ne poursuivant que leurs intérêts. Le culte juste, rappelle Isaïe, est celui qui « observe les sabbats du Seigneur » (56,2 et 4) et son alliance (56,4). Voilà sûrement, en clair, ce à quoi s'en prend Jésus en s'adressant à ceux qui occupent le temple.

La visée d'Isaïe est cependant clairement universaliste. Or, contrairement à Marc (11,17), Matthieu omet la fin du verset d'Isaïe : « pour tous les peuples ». Sa perspective est différente. Les derniers mots de son Évangile diront cette ouverture totale (Mt 28,19-20).

LES MOTS DE JÉRÉMIE

Jérémie, lui, est appelé à se tenir debout à la porte du temple (7,2) pour dénoncer l'illusion d'un culte devenu pervers, lorsque tous clament de façon incantatoire : « Temple du Seigneur ! Temple du Seigneur ! » tout en multipliant les actes d'injustice. Cette attitude, invective Jérémie, n'est que « mensonge » (v. 4 et 8). « À vos yeux, est-ce une caverne de brigands, cette maison qui porte mon nom ? » (v. 11). Et Jérémie rappelle le destin du temple de Silo et sa ruine : « Autrefois, j'y avais fait demeurer mon nom. Regardez ce que j'en ai fait, à cause de la perversité de mon peuple Israël » (v. 12). Le Seigneur agira de même avec celui-ci, affirme Jérémie (v. 14). Le Seigneur demande même au prophète de ne pas intercéder pour un peuple enferré dans l'idolâtrie, l'injustice et la surdité à sa parole (v. 16).

Par la bouche de Jérémie, le Seigneur poursuit : « Je n'ai rien dit ni prescrit à vos pères, quand je les fis sortir du pays d'Égypte, concernant l'holocauste et le sacrifice. Mais voici ce que je leur ai ordonné : "Écoutez ma voix, alors je serai votre Dieu et vous serez mon peuple. Suivez en tout la voie que je vous prescris pour votre bonheur" » (v. 22-23). Mais ils ont « installé leurs horreurs dans le temple qui porte mon nom, et l'ont souillé… » Dans leur course aux idoles, ils sont allés jusqu'à imaginer des sacrifices humains dans la vallée de Ben-Hinnom, c'est-à-dire de la Géhenne, au sud de Jérusalem (v. 30).

Tout est donc centré, dans ce chapitre de Jérémie, sur le culte pervers par lequel les habitants de Juda pensent se concilier leur Dieu alors qu'ils s'en détournent dans des pratiques bafouant la justice, et en allant de surcroît vers les idoles. Le Seigneur leur a envoyé des prophètes sans se lasser, mais ils ne les ont pas écoutés (v. 25).

MATTHIEU SINGULIÈREMENT ÉCLAIRÉ PAR CES PAROLES

Le chapitre 21 de Matthieu et ceux qui suivront sont comme un long écho des propos de Jérémie. La critique de Jésus contre les grands prêtres, les pharisiens et les scribes se poursuit en effet dans les chapitres suivants : controverses, parabole des vignerons homicides (21,33-46)… Jusqu'à cette parole, déjà rencontrée à plusieurs reprises : « Jérusalem, Jérusalem, toi qui tues les prophètes et lapides ceux qui te sont envoyés… » (23,37). Le verset suivant est terrible : « Voici que votre maison va vous être laissée déserte ! » (v. 38). C'est l'ensemble du récit de Matthieu qui est ainsi en proximité avec Jérémie.

Le Seigneur fera-t-il donc du temple et de la ville ce qu'il fit jadis de Silo ? Déjà, au temps de Jérémie, une telle pensée tenait du blasphème (Jr 26,8.11), et pourtant, le prophète l'exprime comme une certitude tristement implacable (*cf.* Jr 7,14.34 ; 26,6). Faut-il donc lire en Mt 21 le même jugement sans appel ? La critique du culte par Jérémie est extrêmement vigoureuse. Le récit de Matthieu en reprend non seulement les mots (21,13), mais encore le rythme, culminant dans la cascade d'invectives de Jésus aux pharisiens hypocrites en Mt 23, dont les derniers mots (v. 38) sont encore en résonance avec ceux terribles de Jérémie aux abords du temple.

Pour prix de son blasphème, Jérémie fut jugé et condamné à une mort à laquelle il échappa seulement de justesse (26,8 et 24). Son chapitre 26 est indissociable du chapitre 7. Il en prononce la sanction. Le récit de la Passion de Jésus rappellera par plusieurs aspects ce chapitre : Jérémie et Jésus, pour prix de leur parole, auront la même condamnation et subiront le même destin. Jérémie, de justesse, fut épargné, Jésus mourra. L'atteinte à leur personne, dans l'un et l'autre cas, est une atteinte au « sang innocent » (Jr 26,15 ; Mt 27,4).

LA FIN DE TOUT CULTE ET PEUT-ÊTRE DU TEMPLE

Que signifie donc le reproche de Jésus, ici, dans le récit de Matthieu[1] ? Il est possible de préciser quelques éléments sur le plan de l'histoire, susceptibles d'éclairer la réponse à cette question.

Les activités liées au culte, en particulier au temps des pèlerinages, notamment au moment des sacrifices de la Pâque, étaient l'occasion de transactions économiques importantes[2],

1. Un article déjà ancien d'E. Trocmé faisait le point sur cette question en présentant de nombreuses références bibliographiques : « L'expulsion des marchands du temple », *New Testament Studies* 15, 1968, p. 1-22.

2. Les activités du temple représentaient, financièrement, une masse importante, qui profitait largement aux responsables de ce lieu. Les commissions qu'ils pouvaient prendre dans leur charge étaient souvent importantes

et l'intervention de Jésus dans le temple ne fait pas de doute, l'ensemble de la critique l'admet. Quelles en furent les véritables dimensions ? Probablement fut-elle plus modeste que ce que semblent en dire les Évangiles, peut-être même très limitée, mais profondément symbolique, à la manière des actes symboliques que posèrent plusieurs grands prophètes, en particulier Ézéchiel et Jérémie[1]. De tels gestes n'ont pas pour but d'être directement efficaces, ils reflètent le monde de Dieu, auquel ils renvoient. Ils sont témoins d'une autre réalité, qu'en quelque sorte ils instaurent.

La perspective du récit de Matthieu s'éclaire si nous le rapprochons de celui de Marc. Celui-ci, en effet, enchâsse, entre le récit de l'entrée de Jésus à Jérusalem et celui — séparé chez lui — des vendeurs chassés du temple, l'épisode du figuier stérile, geste symbolique ici encore,

---

et abusives : c'était un travail très lucratif : « Il faut souligner l'importance des pèlerinages à Jérusalem, écrit A. Paul. Son influence sur les installations commerciales et bancaires, dans la capitale et dans les villes-relais, et par le truchement des échanges avec la diaspora, n'était pas mince » (A. Paul, « Le contexte politique, économique et social du judaïsme palestinien », dans A. George et P. Grelot (dir.), *Introduction à la Bible,* édition nouvelle, t. III : Le *Nouveau Testament*, vol. 1, « Au seuil de l'ère chrétienne », Paris, Desclée de Brouwer, 1976, p. 75) ; *cf.* J. Jeremias, *Jérusalem au temps de Jésus*, Paris, Cerf, 1967, p. 72-76, 85-87, 233 et suiv. ; l'auteur cite la Tosefta (Tos. Men. XIII, 22-534, 2-), d'après laquelle « l'amour de Mammon et la haine mutuelle furent […] les causes de la ruine du temple » !

1. *Cf.* en particulier S. Amsler, *Les actes des prophètes,* Genève, Labor et Fides, 1985.

ou présenté comme tel par Marc, qui semble donner à la scène un caractère de rejet (définitif ?) du temple, desséché et sans fruit. Matthieu place ultérieurement le récit du figuier desséché (21,18-19).

Plusieurs critiques ont pensé qu'était annoncée ici, ou en quelque sorte mimée, la destruction du temple. Jean affirme, quant à lui : « Il parlait du sanctuaire de son corps » (2, 21). De la même façon, les synoptiques mettront en rapport la mort de Jésus et le temple, en faisant se déchirer en deux le voile du temple au moment de la mort de Jésus (Mt 27,51)[1]. Peut-être faut-il relire aussi l'épisode des épis arrachés, Jésus affirme en effet : « Je vous le dis, il y a ici plus grand que le temple. » Il ajoute : « Et si vous aviez compris ce que signifie : "C'est la miséricorde que je veux, et non le sacrifice" [Os 6,6], vous n'auriez pas condamné des gens qui sont sans faute. Car le Fils de l'homme est maître du sabbat » (Mt 12,6-8).

Jésus cite à deux reprises, chez Matthieu, le grand texte d'Osée (Os 6,6) invitant les pharisiens à le lire et à le comprendre : « Allez donc apprendre ce que signifie » (Mt 9,13) ; « Et si vous aviez compris ce que signifie » (12,7). Comment se fait-il qu'une parole telle que celle

1. P. Beauchamp commente, à propos de Mt 26,60 et suiv. : « Le message des accusateurs de Jésus a une fonction narrative, qui est de nous instruire sur la vérité, laquelle se trouve à l'opposé : eux-mêmes ont causé, par leur volonté destructrice, la fin du Temple » (« Matthieu et l'héritage d'Israël », art. cité, p. 17).

d'Osée[1] ne leur ait pas encore donné la juste compréhension des événements qu'ils voient et du comportement de Jésus ? Face aux pharisiens et aux « scribes de Jérusalem », Jésus citera encore la prophétie vigoureuse d'Isaïe (Is 29,13) : « Ce peuple m'honore des lèvres, mais son cœur est loin de moi. Vain est le culte qu'ils me rendent : les doctrines qu'ils enseignent ne sont que préceptes humains » (Mt 15,8-9). Le jugement est sans appel. Le rapprochement de Mt 21 et Mt 12,1-13 est très instructif dans sa conclusion : les pharisiens sortent et tiennent conseil contre Jésus en vue de le perdre (12,14).

L'HORIZON PROPHÉTIQUE

Les paroles d'Isaïe et de Jérémie citées par Jésus prennent sens plus largement sur la toile de fond de la critique du culte par les prophètes. Les textes ne manquent pas. Tous affirment que Dieu est « rassasié du sang des sacrifices », qu'« il n'y prend pas plaisir », qu'il l'a « en horreur ». « Cessez de faire le mal », dit Isaïe, « apprenez à faire le bien » (Is 1,10-20 ; Is 58 ; *cf.* Am 5 ; Jr 7 et Jr 26, qui en est le terrible pendant ; Os 6,6 ; Mi 6,8). Celui qui, chez Jean, dira à la Samaritaine : « L'heure vient où

1. On trouve en 1 S 15,22 et suiv. une déclaration très proche de celle d'Osée, affirmant avec netteté le primat de la justice sur les holocaustes. Les scribes ont un choix large dans les Écritures ; si l'on en croit la critique prophétique du culte, le thème est une constante des livres bibliques.

ce n'est ni sur cette montagne ni à Jérusalem que vous adorerez le Père [...], mais où les véritables adorateurs adoreront le Père en esprit et vérité », intervient dans le temple pour dire le non-sens d'une pratique religieuse bruyante quand son pendant, la pratique de l'alliance, la justice et le respect de l'autre homme, image de Dieu, sont délaissés, dévoyés dans des pratiques d'« hypocrites » et de « sépulcres blanchis » (Mt 23).

L'attitude de Jésus rompt radicalement avec une religion du *do ut des* (« je [te] donne afin que tu [me] donnes »), pratique captatrice de la divinité ou de sa bienveillance, pour une religion de la révélation de Dieu, dont celui-ci a l'initiative, et qui de surcroît, la Bible le montre, ne demande rien en retour que ce que les prophètes n'ont cessé de rappeler : la connaissance de Dieu, c'est-à-dire une mise en pratique de l'alliance, dans le respect de l'autre homme, précepte le plus essentiel de la loi. Jérémie ne cesse de le rappeler, Jésus le redit de la façon la plus claire (Mt 22,34-40 ; 25,31-46). Jésus, en ce sens, ne fait que s'inscrire dans la ligne des prophètes. Et c'est précisément avec les mots des prophètes qu'il s'adresse à ceux qu'il chasse du temple, eux qui avec les grands prêtres, les anciens et les scribes, les tuent ou les lapident (Mt 23,37). La véritable religion devrait être dispensation de la grâce et de la gratuité de Dieu, le salut donné ou rendu aux petits, aux pauvres et aux pécheurs, comme Jésus va le montrer immédiatement après par les guérisons qu'il opère.

Parler comme le fait Jésus, c'est parler « avec autorité, et non pas — précisément — comme leurs scribes » (*cf.* Mt 7,29). Cela est perceptible chez les trois synoptiques et résonne de façon particulière chez Matthieu, dans les paroles de Jésus : « Il leur dit : “Il est écrit : Ma maison sera appelée maison de prière.” » On perçoit l'audace de Jésus ici dans le rapprochement avec le récit de Jean (« la maison de mon père »). L'expression, placée en style direct dans la bouche de Jésus citant l'Écriture, prend chez Matthieu une force accrue. Qui parle dans cette première personne : « Ma maison » ? Jésus ne fait-il que citer l'Écriture ? Ou bien parle-t-il de sa propre autorité, faisant du temple, de façon à peine voilée, sa propre maison, ou la défendant comme telle ? Or, il s'agit du temple de Dieu.

JÉSUS DIT : « MA MAISON »

Dès le début du récit, évoquant le mont des Oliviers, nous avons été amenés à relire deux grands textes : Za 14 et Ml 3. La lecture de Ml 3 invite ici à une lecture forte : la parole de Jésus et son geste dans le temple montrent que les intérêts de Dieu et les siens ne font qu'un. La manifestation qui s'opère dans l'intervention de Jésus ici, est révélation du Seigneur[1].

1. Les activités du temple représentaient, financièrement, une masse importante, qui profitait largement aux responsables du temple, nous l'avons dit. Mais le scandale dénoncé par Jésus est plus radical encore, il touche à la conception même du culte. Il est intéressant, de ce point

En Mt 11, Jean-Baptiste était identifié par Jésus comme le messager annonçant la venue imminente du « Seigneur » : « Voici que moi j'envoie mon messager en avant de toi pour préparer la route devant toi » (11,10). Ce sont, nous l'avons vu, les mots de Malachie, qui poursuit : « Et soudain il entrera dans son temple, le Seigneur que vous cherchez » (3,1). N'est-ce pas ce que nous voyons ici dans la présence de Jésus et dans son geste ? Jésus a introduit la citation du prophète en parlant de Jean-Baptiste, il la met ici en œuvre.

La suite du texte de Malachie évoque la purification par le Seigneur « des fils de Lévi [...]. Ils seront pour le Seigneur ceux qui présentent l'offrande comme elle doit l'être. L'offrande de Juda et de Jérusalem sera agréable au Seigneur comme aux jours d'antan, comme dans les années d'autrefois. Je m'approcherai de vous pour le jugement. Je serai un prompt accusateur contre les magiciens et les adultères, contre les parjures, contre ceux qui réduisent le salaire de l'ouvrier, de la veuve et de l'orphelin, qui oppriment l'émigré et ne me craignent pas, dit le Seigneur, le tout-puissant » (3,2-5). Les différentes citations qui se conjuguent ici dans le récit de Matthieu, disent les multiples formes de dévoiement de ceux qui prétendent tenir les secrets du temple et en régulent l'accès.

---

de vue, de voir en quels termes Jésus relativise la question de l'impôt dû au temple (*cf.* Nb 3,47) : « *les fils* sont exempts ! » (Mt 17, 24). Ce verset est essentiel : il nous livre très certainement la clé d'interprétation de l'attitude de Jésus dans le temple : il se comporte en *fils !*

Le récit de Matthieu montrera l'accomplissement de la suite de Malachie. Les témoins de la mort de Jésus le railleront, pensant qu'il appelle Élie (Mt 27,47 ; *cf.* Ml 3,23), et sans voir que s'est opérée devant eux la manifestation en plénitude de la venue du Seigneur.

JÉSUS, À LA FAÇON DE JÉRÉMIE

Jésus cite Jr 7. Et il le fait, comme Jérémie lui-même, dans le temple. La citation, dans un contexte identique, donne à la parole citée une force accrue. La parole elle-même est dépassée. Elle semble se reproduire. On a souvent fait remarquer la proximité qui existe entre Jérémie et Jésus. Cela est particulièrement perceptible dans l'Évangile de Matthieu[1]. Il semble, en effet, que Matthieu établisse une typologie jérémienne, tout au long de son Évangile, pour dire le mystère et le destin de Jésus en évoquant en filigrane celui du prophète.

Jérémie aux yeux de Matthieu : l'image type du prophète

Matthieu est le seul auteur du Nouveau Testament à nommer Jérémie[2]. Il le fait à trois reprises : dans le récit de l'enfance, lorsque Jésus échappe à la mort que le roi

1. Depuis le très ancien livre d'A. Gelin, *Jérémie*, Témoins de Dieu 13, Paris, Cerf, 1951.

2. Nous suivons volontiers ici F. Vouga, « La seconde passion de Jérémie », *Lumière et vie* 165, 1983, p. 71-82.

Hérode avait ordonnée pour tous les enfants de moins de deux ans, Matthieu rappelle alors la clameur de Rachel pleurant ses enfants (Jr 31,15 ; Mt 2,17) ; il mentionne aussi Jérémie dans le récit communément désigné comme celui de la mort de Judas, mais qui vise en fait la compréhension de la mort du juste, innocent, livré à prix d'argent. La citation reprend alors les mots de Zacharie (Za 11,12-13) et quelques-uns de Jérémie, difficiles à identifier, probablement extraits des deux premiers versets de la quatrième Lamentation, attribuée à Jérémie. La troisième mention de Jérémie se trouve en Mt 16,4, un passage important puisqu'il touche à l'identité de Jésus et montre ou confirme la place privilégiée qu'occupe le prophète dans la rédaction matthéenne. Matthieu cite en effet Jérémie parmi les figures auxquelles « les gens » assimilent Jésus. Il est le seul. Marc et Luc ne le mentionnent pas. Comme l'écrit F. Vouga, « Jésus n'accomplit pas seulement la parole des prophètes, mais aussi leur destinée. »[1]

POUR RENDRE COMPTE DU SCANDALE

Le Christ de Matthieu, comme Jérémie, assume en effet la douloureuse contradiction d'être porte-parole de Dieu contre Israël tout en appartenant à Israël. « La tension dans laquelle se trouve Jérémie, écrit F. Vouga, permet à

1. *Ibid.*, p. 71.

Matthieu d'élucider son propre rapport au judaïsme. »[1] Il y a en effet, dans l'épisode du temple, plus qu'une citation de Jr 7, c'est tout le chapitre qui est appelé de ces quelques mots, que Jésus cite dans une situation identique. C'en est donc fini du temple, peut-être. Le Seigneur quittera pour toujours ce lieu, qui ne sera plus que ruines à l'abandon. Quand Matthieu écrit, il n'y a plus d'ambiguïté possible : la ruine est consommée. Mais l'évocation de Jr 7 appelle aussi discrètement celle de Jr 26, le jugement et la condamnation du prophète pour prix de sa parole. Au lecteur vigilant, la suite du récit de Matthieu — les chapitres de la Passion — est ouverte et rendue présente ou imminente, inéluctable.

Le modèle jérémien permet à Matthieu de rendre compte de cette blessure ineffaçable au cœur de tout Juif et de tout Judéo-chrétien : la perte du temple. L'opposition ouverte du christianisme naissant à Yabné, après la chute de Jérusalem, ne pouvait suffire à réduire ce scandale, encore brûlant, en fait, pour Matthieu.

1. *Cf.* F. Vouga, « La seconde passion de Jérémie », art. cité, p. 81. « La controverse n'est pas extérieure à Israël, écrit F. Vouga. Nous n'avons pas, chez Matthieu, la concurrence de deux grandeurs historiques que seraient la chrétienté et le judaïsme, comme c'est un peu le cas dans l'œuvre lucanienne. La confrontation entre Jésus et les scribes et pharisiens est un conflit d'interprétation de la parole de Dieu à l'intérieur d'un héritage commun » (*id.*, p. 76).

GUÉRISONS DANS LE TEMPLE !

Jésus opère dans le temple la guérison d'aveugles et de boiteux à qui sa venue a ouvert l'accès. Bien que ne pouvant voir ni marcher, « ils s'avancent vers lui dans le temple ». En peu de mots est dite leur foi simple mais entière en celui qui peut donner le salut, Jésus.

Il ne s'agit pas ici, à strictement parler, de récit de miracles. On connaît en effet la typologie de tels récits et la particularité de ceux de Mt : l'élément narratif y est réduit (la narration en est schématique et le nombre des personnages simplifié, le discours ou la parole échangée est par contre amplifiée, devenant la partie centrale du récit)[1]. Il s'agit ici d'un sommaire, comme Matthieu en connaît plusieurs, qui ponctuent son Évangile (*cf.* 4,23 et suiv. ; 9,35 ; 12,15 ; 14,14 ; 15,30 ; 19,2). De tels miracles sont chez Isaïe le signe des temps messianiques (*cf.* Is 61,1 ; 29,18-19 ; 35,3-6 ; *cf.* Jr 31,8-9 ; Mt 11,5). Le mot grec par lequel Matthieu les désigne (*thaumasia*) n'est utilisé qu'ici dans le Nouveau Testament. Dans l'Ancien, il désigne les grandes actions de Dieu, dans la nature et dans l'histoire (*cf.* Ps 71,18 ; 77,4.12 ; 85,10 ; Jos 3,5 ; etc.).

1. *Cf.* par ex. S. Légasse, « Les miracles de Jésus selon Matthieu », art. cité.

Pour comprendre l'attitude de Jésus, il faut également se souvenir de deux autres textes. La prescription du Lévitique d'abord : « Aucun homme ne doit s'approcher s'il a une infirmité, que ce soit un aveugle ou un boiteux... » (Lv 21,18)[1]. La mémoire biblique la complète par un épisode qui en apparaît comme une glose, l'antique malédiction de David sur les aveugles et les boiteux, en 2 S 5,8 selon le texte grec, un texte qu'il faut lire : « Lorsque David marcha avec ses gens sur Jérusalem pour affronter les Jébuséens qui habitaient le pays, ceux-ci lui dirent : "Tu n'entreras pas ici ! Les aveugles et les boiteux t'en écarteront" [c'est-à-dire : David n'entrera pas ici !]. Mais David s'empara de la forteresse de Sion, que l'on désigna comme la cité de David. Ce jour-là, David dit : "[...] Quant aux boiteux et aux aveugles, David les hait en son âme [ajout du texte grec : "C'est pourquoi on dit : Aveugle et boiteux n'entreront pas dans le temple."] » Cette parole est de l'ordre du dicton, on le voit, et non de la prescription.

1. Selon la règle de la communauté de Qumrân, aveugles, boiteux, sourds et muets étaient exclus de la communauté *et* du banquet messianique (1Q Sa 2, 5-22 ; 4QDb ; *cf.* aussi 1QM 7,4-5 qui exclut toute personne portant un handicap du combat messianique).

LE FILS DE DAVID LEUR OUVRE LE TEMPLE

Boiteux et aveugles apparaissent ensemble trois fois dans l'Évangile de Matthieu (11,5 ; 15,30 et 21,14, notre récit). Ce sont trois sommaires. Celui rapporté en Mt 11,5 est particulièrement intéressant. Il s'agit des signes donnés en réponse à Jean-Baptiste lorsqu'il envoie demander à Jésus s'il est bien « celui qui doit venir ». On reconnaît habituellement là une citation d'un ensemble de prophéties messianiques d'Isaïe déjà mentionnées (26,19 ; 29,18 ; 35,5-6 ; 61,1). Ces guérisons prennent cependant une signification particulière en Mt 21, puisqu'elles sont opérées dans le temple. On mesure d'abord la distance qui sépare le « fils de David » de son ancêtre. Mais il y a beaucoup plus : l'antique loi du Lévitique se trouve dépassée. Il apparaît alors que, pour Jésus, accomplir la loi, c'est la traverser, au service de l'homme, en particulier des petits. Nous sommes ici à nouveau renvoyés au texte déjà souvent mentionné, de Mt 12, et plus largement aux récits de miracles accompagnés — si souvent — de controverses, aux chap. 9 et 12 de Matthieu entre autres.

De surcroît, opérant ces miracles, Jésus déploie l'œuvre du Seigneur dont les prêtres sont si mauvais serviteurs ou même seulement témoins. On se souvient que le premier des miracles de Jésus, dans l'Évangile de Matthieu, touchait un lépreux, à qui Jésus rend la santé et finalement la vie, l'existence pleine, physique, religieuse et sociale, lui enjoignant d'aller se montrer aux prêtres. Les prêtres ne peuvent que reconnaître ce que Jésus, lui, opère (Mt 8,1-4). Jésus précise au lépreux guéri : « offre le don qu'a prescrit Moïse : ce leur sera une attestation ». Attestation de quoi ? Si ce n'est que cette guérison est précisément don de Dieu… rendu présent en Jésus.

C'EST LE MESSIE DES PAUVRES

Il apparaît aussi de façon claire que Jésus est bien le messie des pauvres, dont Matthieu a parlé dans la séquence des miracles (Mt 8-9), en reconnaissant en lui le serviteur du Seigneur (Is 53,4, cité par Matthieu d'après le texte hébreu : « il a pris nos infirmités et s'est chargé de nos maladies », plutôt que d'après le grec : « il a pris nos péchés » ou « nos fautes »). Aveugles et boiteux, entrant dans le temple, y rencontrent Jésus. Le messie des pauvres leur a rouvert une perspective de salut dont l'ordre ancien les tenait privés (*cf.* Ps 75,10). Ce geste, comme tous les miracles de Jésus, revêt la force d'un acte symbolique. Ils instaurent la réalité à laquelle ils sont liés : le royaume.

La pratique des scribes était mortifère. Elle laissait pour compte au seuil du temple ceux qui attendaient le salut de Dieu mais en demeuraient exclus. Ils y entrent désormais, et leur présence en cet instant est un signe : là en effet n'est pas le chemin de ceux qui pourront venir après eux, car ils rencontrent dans le temple celui qui est « plus grand que le temple » (12,6). Le chemin leur est ouvert, et c'est à Jésus qu'il mène. Le véritable culte trouvera désormais en lui son centre. Le temps de Dieu est arrivé. L'antique religion connaît un point de non-retour. C'est ce transfert qui s'inaugure ici. L'entrée de Jésus à Jérusalem et dans le temple ouvre les temps messianiques, mais représente aussi la visite eschatologique du Seigneur, le temps, pour son peuple, d'un jugement.

Devant ces gestes, les grands prêtres et les scribes sont en effet sans voix, et la question qu'ils adressent à Jésus : « Entends-tu ce qu'ils disent ? », semble lui remettre de décider lui-même des acclamations que lui adressent les enfants. Sont-ils donc eux-mêmes incapables de se prononcer ? C'est une véritable faillite de leur parole que semble montrer Matthieu, tandis que la voix de Jésus, qui n'en fait qu'une avec l'Écriture, s'élève avec clarté.

LA LOUANGE DES TOUT-PETITS, DES SANS-VOIX !

La réponse de Jésus aux grands prêtres et aux scribes est encore un appel à l'Écriture, introduit de façon typiquement matthéenne : « N'avez-vous jamais lu ? » (*cf.* Mt 12,3.5 ; 19,4 ; 21,42). C'est le psaume 8,3 que cite Jésus. Matthieu privilégie le texte grec du psaume, assez significativement différent de l'hébreu. Celui-ci parle de puissance et de force (*'oz*), le texte grec de louange (*ainon*).

Le psaume 8 s'ouvre et se clôt par un refrain à la grandeur de Dieu et de son nom (v. 2 et 10). Il s'étonne de la grandeur de l'homme (4-9), poussière dans l'univers (v. 4) et pourtant créé à peine moindre qu'un dieu (v. 6). Psaume à la louange de Dieu, il chante la beauté et la grandeur de l'homme, voulu ainsi par Lui. Et la louange se déploie à travers la terre entière. Peut-être retrouverions-nous ici, à mots à peine couverts, la tradition qui, dans la Bible, refuse de confiner Dieu dans son temple. Celui-ci n'est-il pas l'univers entier, et l'homme en son milieu ?

Le v. 3 est saisissant : la splendeur de Dieu est chantée par la terre tout entière… et par la bouche des nourrissons. Selon le texte hébreu, celle-ci est « forteresse contre les adversaires [de Dieu] », selon le texte grec, elle est « louange » privilégiée de Dieu, au sein de la création. Dans les deux cas est affirmée la prééminence de la voix des « nourrissons », des sans-parole (*cf.* en latin *in-fans*), encore au sein ou à la mamelle dit le texte grec[1] « face à

1. S. Légasse opère, pour mettre en lumière ce verset du psaume, des rapprochements intéressants. Il cite le Livre de la Sagesse (Sg 10,21), ainsi qu'un Targum d'Ex, XV, 3 : « *au sein de leur mère, les nourrissons font signe avec leurs doigts à leurs pères pour leur dire : "Il [Dieu] est notre Père qui nous a donné le miel du rocher."* La Mekhilta sur Ex, XV, 1 (42a) fait même explicitement appel à notre psaume dans

[ou contre] l'ennemi », pour le réduire. Ainsi les petits sont-ils placés en face des forts, dont il est dit qu'ils ne peuvent tenir face à eux. Inversion troublante des perspectives (*cf.* le cantique d'Anne en 1 S 2, repris substantiellement dans le Magnificat en Lc 1,46-55).

Une saveur messianique

La présence des enfants à côté des aveugles et des boiteux bénéficiaires de prodiges montre leur affinité avec les merveilles des temps messianiques (*cf.* Is 11,1-9) dont Matthieu montre la réalisation, ici, dans le temple. Le psaume ouvre de surcroît la lecture du récit, en élargissant considérablement l'espace de la louange, bien au-delà des limites du temple, à la terre entière, évoquant ainsi, dans le contexte de Matthieu, que le véritable culte n'est pas sacrifice, mais louange.

Ainsi la louange des tout-petits contraint-elle au silence les grands prêtres et les scribes. Et c'est elle qui est agréée par le Seigneur, dont Jésus semble bien tenir ici la place : sa parole l'exprime avec audace. Face au cri des enfants, ceux qui dans le temple possèdent la pleine autorité ne parviennent qu'à interroger Jésus. Ils pourraient faire

---

ses commentaires : “Même les enfants dans le ventre de leur mère ouvrirent leur bouche et prononcèrent un cantique devant Dieu” » (*Jésus et l'enfant. « Enfants », « petits » et « simples » dans la tradition synoptique*, Paris, Gabalda, 1969, p. 260).

taire les enfants, ils ne le font pas et, face à Jésus, sont finalement contraints eux-mêmes au silence (v. 17). On perçoit toute la disproportion entre les deux catégories en présence : les uns, vieux du poids de toute la tradition qu'ils portent, et les autres qui, presque sans voix (des « tout-petits » et « nourrissons ») offrent la louange qui plaît au Seigneur, « louange à Dieu » et « forteresse contre ses adversaires » ! Ceci, dans le temple même, dont les premiers sont les gardiens.

Hors de toute limite

Nous sommes ici à nouveau reportés, comme en écho, au chap. 11 de Matthieu (en particulier v. 25-27), et de façon plus large à l'ensemble des textes développant dans l'Évangile de Matthieu la thématique des enfants et des petits[1].

À l'évidence, aux yeux de Jésus, ce sont eux qui comptent, infiniment plus que la fumée des sacrifices et des holocaustes dont le Seigneur « a horreur » (Is 1,10-20). Matthieu (Mt 25,31-46) montrera que « le roi » (25,34.40) s'est assimilé pour toujours à eux, au point que le sort éternel de quiconque prétend avoir part à ce royaume dépend désormais de l'attitude adoptée à leur égard.

Le psaume 8 appelle à la reconnaissance et au respect de l'homme. Il le chante : « À peine le fis-tu moindre

1. *Cf.* Mt 2,13-18 ; 5,1 et suiv. ; 11,25-30 ; 18,1-7 ; 20,24-28 ; 25,31-46.

qu'un dieu ! » Le récit de Matthieu le met en scène dans le temple, lui donnant une ampleur inattendue, puisqu'en Jésus intervient le Seigneur, qui semble bien en faire la pierre de touche du jugement qu'il apporte (Mt 25,31-46). Quand Jésus cite le psaume 8 (v. 3), il laisse ses adversaires poursuivre en leur esprit la citation !

Simplement mentionnés jusqu'ici dans les annonces de la Passion (16,21 et 20,18), grands prêtres et scribes interviennent ensemble dans notre récit pour la première fois depuis le début de l'Évangile (Mt 2,4). On les retrouvera en 21,23-45. Les grands prêtres, encore peu mentionnés dans le récit, sauf en son début, vont désormais apparaître souvent : le temple est leur centre d'influence. Le récit opère ainsi une montée dramatique. On est au cœur de l'Évangile, en son point nodal.

Les grands prêtres et les scribes ont interrogé Jésus en des questions montrant qu'ils perdaient pied. Lorsque Jésus sort, il est seul. Comme il le sera dans la Passion. La suite du récit de Matthieu dira par quels chemins d'abîmes profondes passe le chemin du Seigneur, puisque c'est bien lui que Matthieu a invité à reconnaître ici, comme dans tout son Évangile, en Jésus.

PURIFICATION DU TEMPLE ?

On a souvent parlé de purification du temple par Jésus. Mais il y a beaucoup plus que cela ici, une mise à l'épreuve ou une purification de l'ancienne religion et de l'idée de Dieu — ou des idées sur Dieu ! —, et une redécouverte ou une révélation des traits de son visage. Guérissant aveugles et boiteux, Jésus ouvre le chemin à une autre forme de culte au sein duquel les petits sont rois, dans le lieu où l'on célébrait la royauté de Dieu[1]. Le temple n'a pas ou n'a plus à être purifié. Les temps nouveaux sont ouverts et le temple est désormais dépassé, car il y a ici même, en Jésus, « plus grand que le temple » (Mt 12,6), et « c'est la miséricorde que [le Seigneur] veut et non les sacrifices » (12,7).

LA SORTIE DE JÉSUS DU TEMPLE, SIGNE DU DÉPART DE DIEU ?

Le v. 17 conclut le récit de façon assez laconique. Une telle conclusion souligne, par sa brièveté même, toute l'importance de la révélation qui vient de s'opérer.

Demeure cependant une question. Lorsque Jésus quitte le temple, à la fin du récit, s'agit-il d'une simple sortie, correspondant à l'entrée initiale ? Le recours aux Écritures,

1. *Cf.* Ps 47 (46) ; 48 (47), 3 ; 147 ; etc.

ici encore, peut être éclairant. Plusieurs psaumes expriment les conditions d'un juste accès au temple et au culte (Ps 14 ; 23). La critique du culte par les prophètes (Is 1,10-20 ; Is 58 ; Am 5 ; Jr 7 et 26 ; Os 6,6 ; Mi 6,8...) jette quelque doute sur l'utilité ou la justesse des sacrifices. Dieu a-t-il jamais demandé des sacrifices (Am 5,25) ? C'est la terre tout entière, et en son centre l'homme, qui est le lieu de la louange de Dieu (Ps 8). Dieu a-t-il même jamais voulu résider dans une « maison » faite de mains d'hommes (2 S 7) ?

Deux textes peuvent être ici relus : celui relatant les débuts du temple (1 R 8) et, précédent important dans la littérature prophétique, celui du départ de Dieu hors de son temple (Ez 11,22-23).

Il est saisissant de voir en quels termes Salomon opère la dédicace du temple qu'il a construit pour le Seigneur. Le récit qui en est fait rappelle d'abord le transfert de l'arche en ce lieu. Salomon adresse ensuite au Seigneur une longue prière. Étonnamment, le roi semble avoir décidé de tout pour le Seigneur (1 R 8,13.21). Mais, si l'on y prête attention, il semble que le Seigneur répugne à être ainsi assigné à résidence, fût-ce de bonne grâce par le roi. Salomon lui-même, dans sa prière, est traversé de ce doute ou de ce sentiment d'une distance infinie : « Est-ce que vraiment Dieu pourrait habiter sur la terre ?, interroge-t-il. Les cieux eux-mêmes et les cieux des cieux ne peuvent te contenir ! Combien moins cette maison que j'ai bâtie ! » (v. 27). Et, de fait, Salomon ne cessera de répéter en sa magnifique prière : « Toi, écoute, du lieu où tu habites, au ciel » (v. 30, 32, 34, 36, 39, 45). Et il appelle le Seigneur à veiller « jour et nuit sur cette maison, sur ce lieu dont tu as dit : "Ici sera mon nom." Toi, dit-il, écoute, du lieu où tu habites au ciel, écoute et pardonne ! » (1 R 8,30). Il ajoute : « Que le Seigneur notre Dieu soit avec nous… Qu'il incline nos cœurs vers lui pour que nous marchions dans tous ses chemins et gardions les commandements, les lois et les coutumes qu'il avait prescrites à nos pères ! » (v. 57-58).

Le peuple qui prie est appelé à vivre dans l'alliance. Jérémie, au chap. 7, comme d'autres prophètes et comme Jésus lui-même (Mt 21,13 ; Mt 23), le rappelle, stigmatisant l'abandon de l'alliance par le peuple et l'absurdité d'un culte devenu vide et insensé. Mieux vaut désormais, dit-il, que ce temple soit déserté (Jr 7 et Mt 21) !

Au temps où David conçut l'idée de construire une « maison » au Seigneur, on se souvient que Nathan lui parla et le mit en garde. C'est plutôt le Seigneur qui lui donnerait une « maison » et une descendance. Salomon se réfère à cette double promesse (1 R 8,25). Mais l'on perçoit l'étonnante ambiguïté de sa prière de dédicace (v. 16). Dans le récit de Matthieu, le « fils de David » entre dans le temple, mais ses paroles et ses gestes semblent annoncer la fin du temple (*cf.* Jr 7). Le récit de Matthieu donne ainsi un singulier écho à la question centrale et paradoxale de Salomon : « Oui, est-ce que vraiment Dieu pourrait habiter sur la terre ? » (1 R 8,27)[1].

Le rapprochement des textes montre ainsi comment le « fils de David » va bien au-delà de son ancêtre. Le premier percevait ou pressentait que le temple ne pouvait contenir Dieu. Du moins cette « maison » de Dieu au milieu de son peuple s'offrait pour joindre ciel et terre, et chacun pouvait y trouver le lieu favorable où se faire entendre de lui. Matthieu semble indiquer que, désormais, cet accès à Dieu se fait par la guérison qu'apporte le contact ou la rencontre de Jésus.

Le prophète Ézéchiel aussi, au temps de l'Exil, eut cette intuition que la « gloire de Dieu » — c'est-à-dire sa présence — n'était pas liée au temple. En vision, il la vit quitter ce lieu. Il partagea aux autres exilés ce songe, en terre d'exil (Ez 11,22-25). Sa vision ouvrait l'espace et le regard. Lorsque le peuple est dépossédé des traces de Dieu, celui-ci prend les devants, quittant le temple, que l'on croyait être son lieu pour toujours, pour rejoindre son peuple. C'était aussi l'intuition de Salomon, dans sa prière de dédicace (1 R 8).

1. « Le projet divin initial était la résidence divine en chacun des êtres humains, et *c'est faute de se laisser habiter par la présence divine que les hommes finirent par construire à Dieu une résidence spatiale* » (A. Abecassis, « Les pharisiens et le temple », *Le Monde de la Bible* 13, 1980, p. 40).

Ces textes l'affirment, Dieu prend habitation au milieu de son peuple. Matthieu le confirme dans les derniers mots de son Évangile (Mt 28,20).

LA GALILÉE DES NATIONS

Si la fille de Sion refuse à son roi l'accueil attendu d'elle, il ira son chemin, ailleurs, vers la Galilée des nations (Mt 28,16), là est la terre élue de Dieu (4,12-17), puisque Sion a refusé son élection (2,3.13.23 ; 21,10 et suite du récit jusque 22,14 ; etc.). Les temps messianiques pressent, et c'est là, en effet, que sera porté le message du Seigneur ressuscité, désormais pleinement révélé. La Galilée des pauvres, ce lieu méprisé, cette anti-figure de Jérusalem la « cité du grand roi » (Mt 5,35 ; *cf.* Ps 48 (47), 3), sera l'objet de l'élection de Dieu. Le début du récit de Matthieu l'avait laissé pressentir (Mt 4,12-16). Et un autre peuple recevra la charge de la vigne de Dieu, pour qu'elle porte le fruit messianique (Mt 21,43 ; *cf.* 22,1-14)[1].

« Ce texte, affirmait un commentateur, renferme un enjeu de poids : Jésus quitte le temple, mais, avec lui,

1. *Cf.* en particulier D. Marguerat, *Le jugement dans l'Évangile de Matthieu,* Le monde de la Bible, Genève, Labor et Fides, 1981 ; J. Zumstein, *La condition du croyant dans l'Évangile selon Matthieu,* OBO 16, Fribourg, éd. Universitaires, Göttingen, Vandenhoeck & Ruprecht, 1977 ; *Matthieu, le théologien,* Cahiers Évangile 58, Paris, Cerf, 1986.

c'est Dieu lui-même qui le quitte. […] Les activités du temple continueront — encore pendant quarante ans ! ; mais il ne s'agit plus désormais que des murs, sans la présence de Dieu… »[1] Ce que nous avons lu dans le récit de Matthieu amène effectivement à le penser. C'est ce qu'il donne à entendre.

1. E. Schweizer, *Das Evangelium Nach Matthaus*, *op. cit.*, 1981, p. 266.

Interlude

Paroles et silence — Entendre

« La parole est en rapport avec le silence. Lorsque nous écoutons un ami, un concert ou une conférence, nous sommes gênés si du bruit interfère. Toute audition est un travail de l'esprit pendant lequel naît une parole intérieure qui est œuvre du silence. Tout se passe comme s'il y avait deux paroles, celle qui fait du bruit et l'autre. Celle qui fait du bruit, on entend seulement son bruit ; celle qui ne fait pas de bruit, on entend seulement son sens. C'est pourquoi le verbe "entendre" a deux sens, l'un physique, l'autre mental. Dans l'expression "à bon entendeur salut", "entendeur" signifie "compreneur".

Or, quand nous disons que l'Écriture est parole de Dieu, est-ce qu'elle l'est en tant que bruit ou en tant que sens ? C'est là une question qui mérite d'être posée.

Elle l'est en tant que son ou bruit, parce que, si l'on entendait d'autres sons, l'on entendrait (comprendrait) d'autres sens. Et l'Écriture a pour fonction d'assurer, par les conventions des signes reçus, que l'on entende bien ces sons et pas d'autres. Mais l'Écriture est parole de Dieu surtout en tant que sens. Autrement dit : le processus de la parole de Dieu inclut la parole silencieuse qui naît dans notre intérieur du fait de l'écoute. »[1]

1. P. Beauchamp, *Parler d'Écritures saintes*, Paris, Seuil, 1987, p. 68-69.

En contrepoint

La lecture juive de la Bible ou le bruissement du texte

« Les mots, dans leur identité, dans leur similitude, dans leur emplacement dans un verset, proche ou éloigné, dans leur correspondance visible ou “souterraine”, compris dans leur original et considérés dans leur originalité, nous offrent, seuls, le droit et nous donnent, seuls, le pouvoir d’élaborer une “interprétation” sérieuse. La Torah est l’étude d’un mot, de sa genèse, de sa structure, de sa position, et ainsi de sa vocation... Chaque *teiva*, chaque “mot” de la Torah est *une* Torah, est *la* Torah elle-même. [...] D’une part, le verset est délimité par les bornes “littérales” du *pechat ;* d’autre part, ce même verset sort de son *pechat* et s’adresse à son lecteur, le sollicite en lui disant : “Cherche-moi”, *darcheini*, interprète-moi, amplifie-moi, enrichis-moi, libère les étincelles enfermées dans ma substance, cachées dans mon tissu. L’invitation du verset est entendue par celui qui est lui-même désireux de l’“interpréter” : le *dorèche.* Au *darcheini* répond le *dorèche*, car le “demandeur” et le "répondeur" ont la même *racine ;* ils s'appartiennent l'un l'autre. À l'origine, déjà, le verset de la Torah est destiné à être parachevé par le *derache*, par l'"interprétation". »

« Le verset de la Torah s'appelle *mikra*, ce qui signifie à la fois "lu" et "appelé". En effet, le texte souhaite vivre la vie de celui qui le rencontre, aspire à partager sa vie, à soutenir son partenaire dans les démarches qu'il entreprend. [...] Le lecteur de la Torah doit être attentif, sans relâche, à la demande du texte sacré, car celui-ci le sollicite, désire entrer en contact avec lui ; il lui demande de communiquer en permanence avec lui afin de le considérer sous le plus grand nombre de "visages" possible, de l'examiner sous le plus grand nombre de "facettes", d'aspects possible, de le regarder dans le plus grand nombre de perspectives possible. Cette sollicitation du texte n'émane pas seulement du chapitre ou du verset, dans sa forme "fermée" ou "ouverte" ; pas seulement du mot dans sa forme "écrite" ou "phonétique", "pleine" ou "incomplète". Elle émane aussi et surtout de la lettre, considérée en elle-même, que le Zohar appelle son "corps", son *gouf*, puis considérée en son âme, son *rouah*, que le Zohar découvre dans la *nekouda*, dans le "point", dans le signe qui vocalise et valorise le "corps" de la lettre. Même les "accents", "apostrophes" et "fioritures", qui "ornent" la "lettre", sont déterminants, pour saisir la portée d'un *ot*, d'une “lettre”, comme l'a démontré l'illustre docteur de la Loi, Rabbi Akiva [...]. »

« Un lien personnel existe entre la lettre, l'*ot* de la Torah, et celui qui s'intéresse à elle, qui répond à l'intérêt qu'elle lui porte ».[1]

1. Paragraphes extraits d'une préface d'Alexandre Safran au livre de D. Banon, *Le bruissement du texte : notes sur les lectures hebdomadaires du Pentateuque*, Genève, Labor et Fides, 1993 (ici p. 16-17 ; 19-20 et 23). D'origine roumaine, Alexandre Safran (1910-2006) fut Grand-Rabbin de Genève de 1948 à 1989.

Troisième mouvement

Polyphonie d'Écritures Matthieu le virtuose ![1]

C'est désormais l'écriture du texte qui retient notre attention, la mise en récit des événements qui lui donnèrent naissance. Matthieu semble l'inscrire sur une véritable partition dans laquelle plusieurs lignes sont à lire simultanément, éveillant peu à peu une polyphonie d'Écritures qui nous est donnée à entendre.

Lorsqu'il écrit, en effet, Matthieu les fait résonner. À la manière juive, il rapproche les textes, les laisse s'appeler les uns les autres, pour les entraîner en un mouvement plus vaste encore, dans une création originale et nouvelle, une véritable chorégraphie. Il le fait avec beaucoup de virtuosité, les faisant se répondre au sein de son récit, faisant entrer en écho des passages apparemment distants dans le livre, mais qu'un mot,

1. Je reprends ici significativement les chapitres conclusifs de mon livre déjà cité, J. Nieuviarts, *L'entrée de Jésus à Jérusalem (Mt 21,1-17). Messianisme et accomplissement des Écritures en Matthieu*, p. 199-282.

une pensée commune, un thème rassemblent, pour dire l'irruption et la manifestation de Dieu en Jésus et le salut qu'il apporte.

C'est ainsi à un voyage au cœur de l'arrière-pays matthéen que l'on est ici convié, voyage dans l'envers du décor de son écriture et de son récit. Nous accédons ainsi peut-être à sa genèse, ce qui peut même jeter quelque lumière, sur le plan historique, sur ce que purent être les événements qui lui donnèrent naissance.

DES ÉVÉNEMENTS DEVENUS POLYPHONIE D'ÉCRITURES

Jean indique — dans les deux récits qui correspondent précisément, chez lui, à l'ensemble que nous lisons chez Matthieu — comment put s'opérer la relecture des événements et leur mise en récit après la résurrection. Il note ainsi, dans l'épisode de la purification du temple : « *Ses disciples se souvinrent qu'il est écrit* : "Le zèle de ta maison me dévorera." » (2,17). C'est dans le rapprochement avec les Écritures que s'opère donc, pour les disciples, la compréhension de l'événement. Dans le récit de l'entrée à Jérusalem, le processus est déployé dans le temps long : « Au premier moment, écrit Jean, ses disciples ne comprirent pas ce qui arrivait, mais *lorsque Jésus eut été glorifié, ils se souvinrent que cela avait été écrit à son sujet et que c'était cela même qu'on avait fait pour lui* » (12,16).

C'est bien après la Résurrection, et dans une réflexion à la fois lente et progressive, que les disciples ont pu comprendre le destin de Jésus à la lumière des Écritures. Dès lors, Matthieu met en œuvre cette compréhension. Il le fait à la manière juive de recourir aux Écritures, de les lire, de les tisser, les faisant entrer en écho. Nous pouvons dès lors ouvrir le récit comme une véritable partition, attentifs aux notes qui se correspondent et créent l'accord, à celles qui opèrent les transitions d'un mode à un autre, d'une tonalité à l'autre, faisant avancer la mélodie du récit et entrer le lecteur dans son mouvement. Le lecteur voyage alors dans le récit comme dans la troisième dimension, visitant des pays ou un arrière-pays qu'il n'aurait pas osé imaginer.

JÉRUSALEM AU TEMPS DE PÂQUES

Matthieu, avec l'ensemble de la tradition synoptique, place l'entrée de Jésus à Jérusalem à quelques jours de Pâques, dont elle est le prélude. Mais il rapporte l'événement dans un récit qui semble l'apparenter à la fête de Sukkôt (éventuellement celle de la Dédicace), et les gestes spontanés des foules sont chez lui des gestes évoquant assez nettement cette fête. On ne peut que s'étonner alors, avec nombre d'auteurs, du rapprochement insolite d'événements présentés comme liés au temps de Sukkôt (l'automne), éventuellement de la Dédicace (hiver), avec la fête de Pâques, toute proche dans les Évangiles, fête de printemps. Six mois séparent ces fêtes, pourquoi le récit les rapproche-t-il ainsi ?

Il est clair que Matthieu, comme chacun des évangélistes, a *construit* son récit, lui donnant des accents propres. Jean a dissocié les deux épisodes de l'intervention de Jésus dans le temple (2,14-16) et de l'entrée messianique à Jérusalem (12,12-16). Les synoptiques, Matthieu, Marc et Luc, en font un même événement. De surcroît, à l'exception de Luc, chez qui le récit de l'enfance présente plusieurs venues de Jésus à Jérusalem, il s'agit ici de la première et seule venue de Jésus dans la ville. Cela est particulièrement clair chez Matthieu, chez qui Jésus, au retour d'Égypte — au début de l'Évangile —, doit éviter Jérusalem en raison de la menace qu'y fait peser le successeur d'Hérode. Jésus poursuit alors son chemin pour s'établir en Galilée (2,19-23).

La montée de Jésus à Jérusalem, chez Matthieu, mène au temple : tel est le point d'aboutissement sans équivoque de sa *venue*, comme le montre le récit. Un regard un peu attentif sur les textes montre de façon extrêmement claire la part d'interprétation ou de « construction » des événements propre à chaque Évangile. Et l'on peut s'interroger : que s'est-il donc passé et quels événements sont à l'origine de notre récit ?

DEUX GESTES PROFONDÉMENT SYMBOLIQUES

Au terme de l'analyse, nous parvenons à la conviction que ces deux gestes majeurs de Jésus (entrée à Jérusalem et « purification » du temple), présentés ici dans un moment essentiel de l'Évangile, à l'entrée (la première et seule entrée) de Jésus à Jérusalem, furent indépendants à l'origine : l'analyse comparée des récits porte à le penser. C'est la tradition qui les aura réunis, les plaçant à l'entrée de Jésus dans la ville et à quelques jours de la Passion, pour exprimer combien ils étaient significatifs de ce qui commanda le destin de Jésus à Jérusalem : son arrestation, sa condamnation et sa mort. Les Évangiles ont ainsi construit le récit de façon à le montrer.

Mais si les récits mettent en scène des foules entières au bord du chemin, à l'entrée de la ville (« de très nombreuses foules », précise Matthieu), il faut cependant penser que l'événement fut beaucoup plus modeste, aussi bien aux portes de la ville que dans le temple, sinon la police de Rome, dans un cas, ou celle du temple, dans l'autre, seraient intervenues immédiatement et avec fermeté. Il ne semble pas que cela ait été le cas.

Il faut donc probablement admettre au point de départ plusieurs gestes, peut-être sans *grande* envergure. De tels gestes, cependant, pouvaient revêtir une portée symbolique importante, *à la manière des actes prophétiques.*

Le propre des actes symboliques des prophètes était de relier très étroitement des gestes apparemment insolites et sans grande importance immédiate à une réalité profonde non (encore) perceptible et pourtant déjà à l'œuvre, touchant l'action de Dieu ou sa relation avec son peuple. Ces actes en étaient le *signe*. Il suffisait par ailleurs, pour qu'il y ait acte symbolique, de la présence de quelques personnes seulement comme témoins, le récit de ces actes en prolongeant le témoignage, ce qui est un trait quasiment structurel de tels gestes[1]. Le récit de Matthieu, amplifiant les perspectives comme le montre l'analyse narrative (*cf.* par ex. la présentation redondante et amplifiée des gestes des foules aux v. 8-9), développe et présente à son lecteur, par ce biais même, la *signification* et la portée de ces gestes. Sa construction, particulièrement riche sur le plan narratif, est profondément théologique.

On peut ainsi avec beaucoup de vraisemblance penser que Jésus posa, en des moments différents, des gestes à portée symbolique, à la manière des actes prophétiques, dont « le propre, comme l'écrit S. Amsler, est d'anticiper l'intervention imminente de Dieu »[2]. Il est possible, sur

1. Voir, sur cette question, le livre très éclairant de S. Amsler déjà cité, *Les actes des prophètes*. On a depuis longtemps montré comment les miracles pouvaient être considérés comme de tels gestes, instaurant ou rendant présent le royaume de Dieu.

2. S. Amsler, *Les actes des prophètes*, *op. cit.*, p. 33.

la base de cette hypothèse, de relire l'ensemble du récit pour tenter de reconnaître quelle put en être la genèse.

UN ROI TRÈS HUMBLE

Jean est peut-être bon guide quand il dit que Jésus, trouvant un ânon, s'assit dessus. Ce geste pouvait être perçu — éventuellement au moment d'une fête comme Sukkôt et dans l'ambiance d'allégresse qui y prévaut — comme un geste messianique, au sens sûrement très temporel que les foules donnaient à ce terme[1]. Quelques-uns, un petit groupe peut-être, présents en cet instant, acclament Jésus dans des mots proches de ceux que Marc prête alors aux foules, une acclamation aux accents royaux ou messianiques au sens politique de ce terme, correspondant aux attentes spontanées des foules à l'égard de Jésus (Mc (11,10). La poignée d'hommes qui l'acclament ainsi voient sûrement en lui celui qui pourrait réaliser leur espoir de voir un jour l'occupant romain bouté hors des frontières, dans une restauration de la royauté perdue, un espoir dont témoignent plusieurs textes comme Ac 1,6 ; Jn 6,15 ; etc.

Ce n'est qu'à la réflexion sur l'événement, à la lumière de la Résurrection, comme le précise Jean pour les deux épisodes (Jn 2,17 ; 12,16), que l'on en vint peu à peu à

1. *Cf.* Jn 6,15 ; voir ci-dessus l'analyse concernant le « fils de David » et le « prophète ».

comprendre ce geste de Jésus. N'était-ce pas celui qui accompagnait jadis la désignation et l'onction du roi (*cf.* en particulier 1 R 1,28-40, mais aussi le texte proche de 2 R 9,1-13) ? Et le geste de Jésus déliant l'ânon ou le faisant faire par un disciple, ne rappelait-il pas aussi la bénédiction de Juda par Jacob, *liant* son *ânon* à la vigne (Gn 49,11) ? Le sens de ce geste devenait alors clairement messianique. Mais de quel messianisme s'agissait-il ?

Le texte de la Genèse (Gn 49,11) était déjà souvent associé, au temps de Jésus, à un autre texte désignant le messie humble (Za 9,9). Ainsi, à mesure que le temps passait, on en vint probablement à comprendre plus profondément le geste de Jésus. Le réalisant, n'était-il pas le messie humble annoncé par Zacharie ? Si d'ailleurs son geste rappelait les intronisations royales de jadis, le temps n'était cependant plus à pareille humilité s'il fallait régner. La présence de la force romaine en Palestine le rappelait de façon quotidienne.

C'est peut-être aussi à la lumière des textes sur le serviteur de Dieu et son extrême humilité (Is 52,13 à 53,12) que l'on comprit pleinement la parole de Zacharie (Za 9,9). Elle pouvait alors se conjuguer, peu à peu, au faisceau d'Écritures que nous avons relues et dont nous allons vérifier, dans les pages qui viennent, le procédé d'écriture ou de tissage.

Ainsi le geste simple de Jésus fut-il peu à peu perçu comme éminemment symbolique, plaçant vivement en lumière son identité profonde et celle du royaume qu'il rendait actuel. Ceux qui étaient présents auprès de Jésus pouvaient-ils pleinement mesurer ce que signifiait ce qu'ils voyaient ? Ils furent saisis par ce geste, mais ne le comprirent très probablement que peu à peu. Une telle compréhension supposait le temps de la réflexion… et aussi le deuil de certaines espérances encore trop humaines (*cf.* Mt 16,22-23).

L'ACCLAMATION DES FOULES

La mise en scène de l'entrée royale est racontée dans les quatre Évangiles de la même manière : les foules prirent « des rameaux de palmiers », précise Jean (Jn 12,13). Ce que nous avons rappelé des gestes symboliques incite à penser que les récits évangéliques ont très certainement développé la scène, lui donnant des proportions qu'elle n'avait pas au point de départ. Quelques personnes, un groupe, pouvaient être présents, devenus joyeuse foule chez Marc et même « très nombreuses foules » chez Matthieu : l'amplification relève de la mise en récit. Que le geste des foules, dans les quatre Évangiles (sauf Luc), soit de cueillir de la verdure ou des branches, éventuellement des rameaux, signale la possible connexion de l'événement avec le temps de Sukkôt : réflexion ultérieure sur l'événement ou possible enracinement de celui-ci, dans la ligne des chapitres 10-11 de Jean, à Pâques ou peut-être au mois de tishri (automne).

L'acclamation des foules devait être assez proche de ce qu'en dit Marc, nous venons de l'évoquer. Mais le temps de l'année peut-être (le moment des fêtes d'automne ?), ou la réflexion qui s'est faite peu à peu sur l'événement auront appelé le « hosanna », qui ne manquait pas de résonner à Jérusalem et dans ses alentours au moment de la fête. Matthieu est le témoin de l'approfondissement de la réflexion sur cet événement et de l'élaboration progressive de la signification qui lui était donnée : les foules acclament « celui qui vient », dans les termes du psaume 118 (117), 25.

L'INDIGNATION DE JÉSUS FACE AU TEMPLE

Il faut probablement accepter sans hésiter l'hypothèse que Jésus ait opéré le geste que rapporte notre récit, dans le temple, à un autre moment que celui indiqué par la tradition synoptique. Jean a dissocié les deux gestes. Il est probablement un bon témoin que les deux traditions étaient au point de départ indépendantes, comme les deux gestes qu'elles rapportent.

Que fut cet événement ? Un épisode sûrement assez modeste, ici encore, mais perçu comme très significatif : Jésus, entrant dans le temple au moment de l'une des fêtes, trouve celui-ci en effervescence, transformé en véritable marché par l'afflux des pèlerins venant échanger leur argent pour la monnaie du temple, afin de pourvoir aux sacrifices et aux offrandes de la fête. Jésus s'indigne d'un tel commerce, bousculant les tables des changeurs et en appelant, à la manière des prophètes, au respect de la maison de Dieu, maison de prière. Le geste fut probablement limité, sinon Jésus aurait été immédiatement arrêté par la police du temple ou par les Romains installés dans la forteresse Antonia, à l'angle du temple, vigilants les uns et les autres au moment des pèlerinages plus encore qu'en autres temps.

La réflexion ultérieure des disciples, après la Résurrection et à la lumière des Écritures, comme l'atteste Jean, aura fait saisir aux disciples la dimension profonde de ce nouveau geste de Jésus. Ils en auront ainsi peu à peu compris la signification : Jésus, dans le temple, se comporte en fils (*cf.* Mt 17,26). Mais après la résurrection, dans la pratique du culte nouveau, puis après le choc de la perte du temple en 70, que tout Juif dut ressentir comme une blessure profonde, les disciples comprirent en outre peu à peu que la parole de Jésus était bien comme celle de Jérémie (Jr 7,11) et celle d'Isaïe (Is 56,7), qu'elle en avait profondément la teneur.

Effectivement, Jésus parlait du temple comme de « sa » maison ou de la maison de son père, mais avec une audace supérieure encore à celle des prophètes. La lecture de

Mt 17,24-27 indique le fondement de son attitude ici : il agit en fils. Et les paroles qu'il dit alors furent décisives. Matthieu ne peut que le comprendre ainsi : le temple, au temps où il écrit, est désormais en ruines, le lieu de la médiation entre Dieu et son peuple est ailleurs, en Jésus lui-même, plus grand que le temple (Mt 12,6).

La citation de Jérémie s'imposait ainsi probablement, en raison du contexte de l'intervention de Jésus et de sa parole, ainsi que de la parenté étroite entre son message et celui du prophète. Mais l'on peut également observer la place importante que Matthieu, vivant un drame semblable à celui de Jérémie (la perte du temple par le peuple choisi, par oubli de la parole de Dieu et de l'alliance), fait à ce prophète dans l'ensemble de son Évangile. La citation d'Isaïe, liée ici à celle de Jérémie, présente un contexte différent de celui des paroles de Jérémie. Elle insiste sur le caractère universaliste de la bénédiction de Dieu en son temple. Chez Marc, elle s'inscrit à merveille dans le récit. Matthieu en omet les mots essentiels : « maison de prière *pour les nations* ». Au moment où il écrit, le temple n'est plus et la dimension universaliste est comprise, dans le christianisme naissant, de manière entièrement nouvelle. C'est désormais en la personne de Jésus que s'opère la rencontre par excellence de Dieu, pour tout homme acceptant de le suivre (Mt 28,19-20 ; 16,24-28).

DES MIRACLES DANS LE TEMPLE

Que Jésus ait été thaumaturge ou faiseur de miracles est un fait bien établi aujourd'hui. Mais les miracles opérés ici par Jésus dans le temple sont racontés de façon brève et schématique, comme en une simple évocation. Ils revêtent de ce fait, et en raison même du lieu dans lequel ils sont opérés — le temple —, un caractère profondément symbolique, et ceci à plusieurs titres. En tant que miracles d'abord, ils sont des gestes éminemment symboliques, au sens fort, c'est-à-dire qu'ils instaurent le royaume de Dieu en en posant les gestes. Mais en outre, Jésus ouvre ici l'accès du temple aux aveugles et aux boiteux, considérés par la loi comme impurs. Il inverse ainsi, de surcroît, l'antique malédiction de David (2 S 5,8 dans le texte grec).

L'ensemble de ces traits plaide en faveur d'une construction matthéenne de l'épisode, rapporté ici pour servir le projet théologique ou christologique de Matthieu. Opérant ces miracles dans le temple, Jésus y accomplit la loi en la traversant de part en part, dans le lieu le plus saint d'Israël : il est messie de Dieu et du temple, il a autorité même sur ce lieu.

La communauté rassemblée par Jésus apparaît bien, à travers ce trait du récit, comme une communauté de *petits* attachée à lui. Au cœur du temple, c'est lui qu'ils rencontrent, lui qui est « plus grand que le temple » (Mt 12,6).

LA VENUE DU SEIGNEUR AU MONT DES OLIVIERS

Le lieu, enfin, où s'ouvre le récit est, dans les quatre Évangiles, le mont des Oliviers. Ce trait de la tradition évangélique semble bien refléter un souvenir commun, rattachant le geste de Jésus à ce lieu. La tradition a retenu aussi la mention de Bethphagé et de Béthanie, rappelés par Matthieu au début et à la fin de son récit. Luc fait allusion, dans son Évangile, à l'habitude de Jésus de se retirer au mont des Oliviers, en particulier le soir, seul ou avec ses disciples (*cf.* Lc 22,39). Ce sera le cas, au dire des synoptiques, la veille de la Passion, après la Cène.

Ce lieu familier à Jésus présentait une richesse symbolique forte, en raison de son affinité avec l'Écriture, en particulier avec les évocations messianiques et eschatologiques de Zacharie (Za 14). Ce chapitre de Zacharie est, nous l'avons noté, le seul de tout l'Ancien Testament à mentionner explicitement (à deux reprises au verset 4) le « mont des Oliviers »[1]. Matthieu ne pouvait qu'exploiter cette richesse scripturaire et symbolique, qui offrait, dès les premiers mots de son récit, le cadre susceptible de le situer d'emblée, avec force, dans toute sa dimension messianique et eschatologique.

1. *Cf.* aussi 2 S 15,30 et 2 R 23,13, où il s'agit de « la montée des oliviers », le mont des Oliviers n'est pas évoqué comme tel.

LA MISE EN RÉCIT PAR MATTHIEU

Nous venons d'évoquer l'indépendance plus que vraisemblable des deux grands éléments du récit, en en rendant compte comme de gestes symboliques, qui ont pu être posés à des moments différents et devant des témoins éventuellement peu nombreux, par Jésus. Leur mise en récit par Matthieu est très éclairante.

Il s'agit bien chez lui, dans cet épisode, de la *première montée de Jésus à Jérusalem.* Le récit de l'enfance de Jésus qui ouvre son Évangile lui a en effet fait contourner et éviter cette ville pour se rendre, loin de ses murs et du successeur d'Hérode qui (déjà) le menaçait, en Galilée. Au terme de la montée dramatique qu'opère l'Évangile, Jésus parvient à Jérusalem. Il importe à Matthieu de dire que cette *venue* est véritablement celle *du Seigneur en sa ville* (*Sion*, *cf.* v. 5) et en son temple (*cf.* Ml 3,1, dont la lecture a été ouverte par Matthieu en 11,10).

Cette visite est décrite par Matthieu dans les traits de Sukkôt, et l'entrée du roi humble dans la ville revêt des accents profondément messianiques, les accents de la fête, rappelant qu'est ici en jeu la *royauté de Dieu.* Matthieu donne ainsi à entendre que la venue de Jésus représente *la visite eschatologique du Seigneur pour le jugement sur son peuple* (Za 14 ; Ml 3) : dès la fin du chap. 21, la vigne d'Israël sera confiée à un autre peuple qui devra lui en faire porter le fruit.

Tout le mouvement du récit matthéen converge ainsi vers le temple, dont l'intervention de Jésus, présentée par des traits multiples du récit comme celle du Seigneur, marque la fin. C'est le sommet de l'Évangile, la rencontre d'Israël et de son messie s'opère ici avec force. Les annonces de la Passion ont dit ce qui adviendrait de lui : sa mort au Golgotha, le refus d'Israël.

Le récit de l'entrée de Jésus à Jérusalem se présente ainsi comme le nœud de l'Évangile. Les controverses qui vont suivre et le discours eschatologique (Mt 24) expliciteront et porteront à sa pleine mesure l'énoncé du jugement porté par Jésus. La fin du récit matthéen verra alors l'inversion brutale des perspectives, la condamnation par Israël de son messie. Le procès et la condamnation du juste, Fils de Dieu, seront suivis de sa mort, abandonné de Dieu, si l'on en croit son cri sur la croix (27,46). Mais dans la résurrection, comme l'ange du Seigneur le signifiera, Dieu lui-même inversera ce jugement des hommes sur le messie, *Fils de Dieu.* La Résurrection ouvrira le temps et l'espace, le ressuscité précédant ses disciples dans la Galilée des nations, Emmanuel, « Dieu avec [eux] » pour toujours (Mt 28,20).

La fin de l'Évangile représente au sens fort son dénouement : tout s'était noué dans l'entrée de Jésus dans la ville, tout est à nouveau ouvert. Le récit lui-même l'est à nouveau, sur la ligne du temps et de l'histoire, de l'espace ouvert dans la Galilée des nations. Dans le conflit des interprétations qui est allé en s'amplifiant dans ces dernières pages, c'est au lecteur qu'il appartient d'en inscrire la suite. Au plus profond, le récit est ouvert au temps du lecteur.

DES SONORITÉS ÉTONNAMMENT VARIÉES

Ainsi les Écritures entrent-elles en polyphonie chez Matthieu. Mais celle-ci relève aussi de la façon dont il les introduit et les donne à entendre dans son récit. Porter attention à ce dernier aspect peut contribuer à éclairer de façon renouvelée la notion essentielle de plénitude — ou d'accomplissement — des Écritures rencontrée déjà ici à plusieurs reprises. Matthieu la met en œuvre dans une richesse d'expression saisissante, une palette très variée de registres.

LA RÉSONANCE INFINIE DE LA PAROLE DITE PAR LE PROPHÈTE

C'est en effet la citation magistrale faite par Matthieu aux v. 4-5 du récit qui entraîne le lecteur à une meilleure écoute du texte pour y entendre différents autres appels à l'Écriture : citations, acclamations, appel à lire les Écritures ou allusions très discrètes, voire signaux faibles qui peuvent mener pourtant à entendre la basse continue ou le contrepoint qui donne à mieux percevoir l'ensemble.

La formule d'accomplissement, pour employer la désignation habituelle de l'exégèse de Matthieu, est une intervention très claire du narrateur dans le récit. C'est Matthieu qui l'introduit. C'est lui qui affirme l'accomplissement ou la « plénitude » de la parole du prophète dans les événements qui se déroulent et dont il fait le récit. C'est de sa part un acte très audacieux, une véritable profession de foi, qu'il fait résonner de surcroît avec ampleur. Qui donc peut en effet faire une telle affirmation ? Qui peut se placer ainsi du côté de Dieu, pour affirmer que sa parole était en attente de ce qui s'opère là en Jésus, ou que les événements survenus en lui coïncident avec la parole, au point de lui apporter ce qui lui manquait pour parvenir à sa plénitude ? Le narrateur de l'Évangile prend cette responsabilité, et donne à entendre au lecteur la voix de Dieu lui-même, exprimée à travers le prophète, qui appelle à reconnaître dans la venue de Jésus à Jérusalem celle du roi humble qui doit combler de joie Sion (Za 9,9).

Une telle parole est un métalangage, une parole ou une réflexion en exergue du récit. Celui-ci, en effet, s'interrompt, pour une parole qui le commente et qui interpelle le lecteur. C'est à lui que Matthieu s'adresse. Ce qui signifie qu'il ne pourra, en définitive, lire pleinement le récit que s'il entre dans le « contrat de lecture » qui lui est ici proposé[1], acceptant la parole du prophète comme clé de compréhension de la narration que Matthieu déploie. La lecture est un travail : du lecteur, du texte sur le lecteur, et peut-être, en définitive, un travail d'enfantement.

Mais il faut insister. Ce que Matthieu affirme est la « plénitude » d'une parole et non des Écritures. Celles-ci en sont l'attestation, la trace, le lieu de la mémoire — et d'une possible vérification dans le temps (*cf.* Is 8,16-20 ; Jr 32,6-15). Jésus en appelle aux Écritures ou les rappelle comme porteuses, de façon normative et essentielle, de la parole venue de Dieu. Il appellera aussi à leur lecture. Nous y revenons.

Si Matthieu affirme que la parole venue de Dieu à travers le prophète trouve aujourd'hui sa *plénitude*[2], c'est qu'elle ne l'avait pas trouvée encore ! Peut-on donc imaginer qu'une parole *de Dieu* soit ainsi incomplète,

1. Sur la notion de « contrat de lecture », *cf.* par ex. J. Zumstein, « L'Évangile Johannique : une stratégie du croire », *Recherches de science religieuse* 77, 1989, p. 217-232 (*Miettes exégétiques*, Le monde de la Bible 25, Genève, Labor et Fides, 1991, p. 237-252).

2. Ce mot, plus proche du verbe grec qui exprime d'ordinaire l'accomplissement des Écritures, est sûrement préférable au mot « accomplissement ». Il évoque un processus, une progression, une tension vers la plénitude, tandis que le mot « accomplissement » a souvent pris pour nous le sens de fatalité ou de destin, exprimés communément par l'expression « c'était écrit ».

inachevée ou en attente ? Parler ainsi, c'est affirmer que la parole de Dieu tend vers la plénitude ou l'accomplissement, mais qu'elle prend le risque du temps des hommes, et peut-être qu'il est de sa nature d'être exposée à ce risque. Les prophètes se sont succédé, proclamant inlassablement cette parole toujours pleinement actuelle au temps où elle est prononcée, et pourtant toujours inachevée. Ainsi la parole doit, pour s'accomplir, prendre corps en plénitude. Qui donc pouvait être à la hauteur d'une telle exigence ? Matthieu affirme cela de Jésus.

Nous apprenons aussi, dans une telle affirmation de l'évangéliste, que la parole prophétique était plus haute ou plus grande que les événements *immédiats* dont elle dévoilait la signification. Zacharie aussi bien que tous les prophètes adressaient la parole à leur temps, se prononçant au nom du Seigneur sur les événements de l'histoire. Mais jamais ces situations ou ces moments de l'histoire n'épuisèrent la substance de la parole dite, ni ne la comblèrent. Matthieu, de quelques mots, l'affirme avec force. Ainsi, elle demeurait ouverte, ne pouvant disparaître et se taire sans avoir été portée à la *plénitude.* Si cependant celle-ci est atteinte en Jésus, personne, en rigueur de termes, ne pourra, dans l'avenir, rien lui ajouter. Elle est comblée. Peut-être, dès lors, les événements à venir se trouvent-ils en symétrie par rapport aux événements anciens. Le centre de gravité de la parole de Dieu est en Christ[1].

Cette référence magistrale au prophète invite le lecteur à être attentif à la voix de Dieu qui s'exprime à travers l'ensemble du récit. Et elle le fait de multiples façons.

DISCIPLES, FOULES ET ENFANTS : DES GESTES ET UNE LOUANGE À L'INFINI

Nous la voyons en effet mise en œuvre aussitôt par les disciples et les foules, et comme en une réplique — nous l'avons vu — par les enfants dans le temple. Tous, ils mettent en œuvre l'Écriture, en actes d'abord, et en

1. Ceci pourrait être illustré par les deux schémas suivants, empruntés à M. Gourgues, *Les Psaumes et Jésus, Jésus et les Psaumes*, Cahiers Évangile 25, Paris, Cerf, 1978, p. 12. Le premier rendrait compte de ce que donne à lire Matthieu. Le second prend acte de ce qu'il en est ensuite, dans le temps du lecteur.

Passé	Présent
Expérience de l'autre <---------	<---------- Expérience analogue
Modèle	Actualisation

Passé (A.T.)	Passé (N.T.)	Présent
Expérience de l'autre --------->	Expérience de Jésus	Expérience analogue <----------
Préfiguration	Modèle	Actualisation

paroles ensuite. Jetant leurs manteaux, sur la monture de Jésus ou au sol, cueillant des branches dont ils jonchent le sol, ils réalisent pour Jésus les rituels anciens de reconnaissance royale. La modestie des foules, comparée à l'orgueil de la ville et des gardiens du temple, montre leur connivence avec le messie humble qu'elles acclament par le « hosanna au fils de David » et « aux plus hauts des cieux », transformant la parole du psaume 118 (117) en une acclamation, en cet instant, à « celui qui vient au nom du Seigneur ». Ainsi trouvent-elles la note juste du psaume, qui en ces paroles accueillait ou devait accueillir le pèlerin et ici, plus que le pèlerin, le messie humble de Sion.

Foules et disciples opèrent, de fait, dans l'engagement entier de leur parole et de leurs gestes le rapprochement entre l'événement, dont ils sont de surcroît acteurs, et les Écritures anciennes. Ils décident, comme d'instinct, de l'adéquation entre cet événement et l'Écriture. Celle-ci n'est pas citée, elle est mise en œuvre, et elle est proclamée. Elle est dite comme prenant acte et corps là, sur les pentes du mont des Oliviers proches de la ville, dans la présence de Jésus.

Disciples, foules et enfants décident ainsi, leurs cris en témoignent, de l'accomplissement ou de la plénitude des Écritures en cet instant et en « celui qui vient ». Elles les conjuguent aussi, puisqu'elles associent dans la même acclamation le « fils de David » et les « plus hauts des cieux », avec la bénédiction du psaume qu'elles disent d'instinct. Leur référence à l'Écriture est implicite — aucune introduction de citation —, mais elle éclate de façon magnifique, en paroles et en gestes, ce qui serait attendu des gens de la ville et des gardiens du temple, mais ne viendra désespérément pas.

Les foules se rétracteront, malgré la force de leur parole désignant Jésus comme le « prophète de Galilée » — celui qui est porte-parole et non plus « celui qui vient » ! —, puis disparaîtront du récit. Il aura cependant été montré au lecteur comment l'Écriture peut être effectivement lue. La non-lecture des scribes et des grands prêtres n'en apparaîtra que plus vivement dans les versets suivants, face à cette autre mise en œuvre active des Écritures qu'est l'acclamation des enfants, donnant activement plénitude sans même le savoir, au psaume 8, car l'Écriture est en eux jaillissement.

L'ÉCRITURE PLEINEMENT LUE PAR JÉSUS

Jésus entre dans la ville et, en son centre, dans le temple. Ce qu'il y opère, chassant les occupants qui l'encombrent, est mis en lumière, de sa bouche même, par l'Écriture. Jésus associe, nous l'avons vu, de façon vigoureuse les mots d'Isaïe et de Jérémie. Le faisant dans un contexte analogue à Jérémie, il évoque en clair la ruine imminente du temple.

« Il est écrit », dit Jésus. Dans le récit des tentations, dès le début de l'Évangile, c'est de même sur l'Écriture que se fondait Jésus face à Satan. Et il est saisissant de voir qu'au fil de l'Évangile, c'est toujours face à des adversaires que Jésus doit la rappeler ! C'est dans l'écrit que les hommes peuvent trouver l'attestation ou la consignation de la parole de Dieu, qui n'est cependant pas écriture, mais parole vive. Encore faut-il *lire* les Écritures, autre question majeure soulevée par le récit.

DES GRANDS PRÊTRES ET SCRIBES INVITÉS À LIRE POUR COMPRENDRE

Dans le temple, Jésus poursuit son chemin jusqu'à ce point où l'Écriture est rendue aux hommes plus nettement encore, pour une lecture aussi vive que la Parole qui en est la source. Les scribes voudraient faire taire les enfants, ou souhaiteraient peut-être qu'ils n'aient jamais parlé comme ils les ont entendu le faire acclamant Jésus. La question que leur pose Jésus en guise de réponse est radicale, surtout s'adressant à des scribes, censés être les connaisseurs et interprètes autorisés des Écritures : « N'avez-vous jamais lu ? » En plus d'une situation, il leur a adressé de semblables questions, aussi vives : « Allez apprendre ce que signifie… » (9,13) ou « N'avez-vous pas lu… ? » (12,3 et 5). Les enfants ont une pratique spontanée de lecture vive des Écritures. Pareil engagement n'est-il pas attendu des scribes et des grands prêtres ? Lire, c'est interpréter, et au sens fort « comprendre ».

Matthieu semble ainsi affirmer que l'homme peut, lui aussi, porter l'Écriture à sa plénitude. Peut-être le doit-il : par une interprétation vivante, forte, vivifiante, comme celle des disciples et des foules sur le chemin ou celle des enfants dans le temple. Or les scribes, pourtant chargés d'en indiquer la voie, l'ont tenue captive, comme les grands prêtres, en charge de cette autre médiation de la présence de Dieu qu'est le temple, le lieu où habite (habitait ?) sa gloire (*cf.* 1R 8,10-13). Ils ont dévoyé le culte, laissant les accès à la maison de Dieu se couvrir des ronces d'une pratique mortifère[1]. Si eux-mêmes s'engageaient sans retenue ni retour dans la lecture active des Écritures, c'est un temple nouveau, resplendissant, et une prière vive que connaîtrait Sion, pour sa joie et celle de Dieu (Za 9,9). L'inverse signifie la mort (*cf.* Jr 7). Quel sera donc le choix des grands de Sion[2] ? Mais ils semblent avoir laissé se perdre le trésor des Écritures et ce que pouvait être le temple, atteignant ainsi le seuil de non-retour, le point de rupture.

---

1. Nous entendons par « mortifère » la pratique qui, tenant éloignés du temple, avec les aveugles et les boiteux, les petits et les pauvres, *les privait du salut*. On le saisit *a contrario* par l'attitude de Jésus qui *les guérit*.

2. Nous avons reconnu dans le récit une typologie jérémienne (*cf.* Jr 7 et 26 ; 18,1-12 ; etc.) ; il porte aussi les accents des prophètes (Is 1,10-20) ou du Deutéronome (*cf.* Dt 30,15-20).

DES SIGNAUX FAIBLES PRENANT UNE RÉSONNANCE INFINIE

Au terme de la lecture du récit, l'ensemble des appels à l'Écriture rencontrés confirme la lecture forte que nous avons faite en ouvrant l'observation du récit, du mont des Oliviers. À une lecture rapide, il serait possible de n'y voir qu'une indication géographique, une simple localisation. La rareté des occurrences du terme dans l'Ancien Testament invite à une lecture forte, dans le sens de Za 14, qui se trouve relié de près à Ml 3. Or, nous avons pu voir que Jésus ouvre explicitement la lecture de Ml 3 lorsqu'il parle de Jean-Baptiste, appelant à reconnaître en lui le précurseur de la venue du Seigneur annoncée par Malachie en ses derniers versets (Mt 11,10). C'est alors un faisceau d'Écritures qui est convoqué, appelant à reconnaître dans la venue de Jésus celle du Seigneur attendue pour la fin ou l'éclosion du temps, lors d'une fête de Sukkôt aux dimensions larges, eschatologiques, célébrant la royauté de Dieu.

On voit combien de thèmes essentiels sont rassemblés dans ce qui pouvait paraître des signaux faibles, à côté des appels très explicites de Matthieu à l'Écriture. Sous ces signes discrets, Matthieu plaçait une poutre maîtresse de sa construction, les éléments les plus solides de la trame du récit. L'ensemble de son écriture traçait ainsi la venue du Seigneur, sa venue eschatologique attendue pour la fin des temps et la pleine révélation de Dieu.

LA PARTITION PLEINEMENT DÉPLOYÉE

Nous avons en effet reconnu au début du récit, dans la mention du mont des Oliviers, une allusion assez claire à Za 14, au jour où le Seigneur viendra et posera les pieds sur le mont des Oliviers qui se fendra en deux (Za 14,4 et 9). Ces versets évoquent la fête de la royauté de Dieu, célébrée d'année en année à la manière de Sukkôt (Za 14,16). Ils appellent thématiquement Malachie (Ml 3), dont Matthieu (Mt 11,10) a introduit la lecture en parlant du Baptiste. Le récit met en œuvre la suite du verset cité (Ml 3,1) : c'est la manifestation eschatologique du « Seigneur » qui se déploie (Mt 21,3).

Il était question de la royauté de Dieu, la suite du récit la montre à l'œuvre dans la présence de Jésus, autour duquel sont déployés les gestes de toujours, reconnaissant le roi que l'on intronise, comme ce fut le cas en particulier pour Salomon (1 R 1,28-40) ou pour Jéhu (2 R 9,1-13). Ainsi la royauté de Dieu se déploie-t-elle à hauteur d'homme, les *scenarii* d'antan s'accordant magnifiquement avec la présence de la monture amenée à Jésus, puis le geste des disciples et des foules, avec les manteaux et les branches.

La prophétie de Zacharie (Za 9,9) commente l'événement qui est en train de se produire. Son allusion à la fille de Sion opère la jonction thématique avec la venue du Seigneur dans sa ville inaugurée dans les versets précédents. Le scénario ancien d'intronisation royale se conjugue alors à celui de la fête de Sukkôt, car le geste des foules consistant à cueillir des branches, associé par le récit à celui des manteaux dont il épouse le mouvement (les foules en jonchent le sol), relève en fait de cette fête, et ce qui se déroule prend le caractère d'une véritable liturgie, celle précisément de la fête décrite par le psaume 118 (117), qui l'accompagnait dans les grandes célébrations d'automne. Le cri de la foule intervient au moment assigné par le psaume, lequel offre aussi les mots à cette acclamation : « béni soit celui qui vient… ». La jonction entre le thème royal et celui de la venue eschatologique de Dieu n'est pas fortuite : elle ne résulte pas seulement de l'enchaînement des différentes figures du récit que nous venons de rappeler, mais s'enracine dans la signification même de Sukkôt, liée à la royauté du Seigneur (*cf.* Za 14).

La joyeuse procession de Sukkôt menait la foule au temple, rameaux en mains (*cf.* Ps 118 [117]), la suite du récit de Mt est ainsi annoncée. Elle l'est aussi par la prophétie de Ml 3, évoquée en commençant, en raison de sa proximité avec Za 14 et de sa mention explicite en Mt 11,10. Le chemin de Jésus le mène effectivement au temple, ce qu'indiquaient à la fois le psaume 118 (117) qui décrivait le rituel de la fête, et les prophéties combinées de Za 14 et Ml 3. Le projet de Matthieu est ainsi servi par ces allusions scripturaires multiples, qui semblent guider le récit ou qui s'y conjuguent.

Parvenu dans le temple, Jésus s'indigne du tumulte mercantile qu'il y rencontre. Les mots qu'il utilise, dans son indignation, sont ceux de Jérémie en une situation identique, dans un contexte d'injustice et d'abandon de l'alliance. Ils sont construits, dans la citation que Jésus en fait, avec ceux d'Isaïe (Is 56), dont Matthieu retient les mots qui parlent du temple comme de la maison du Seigneur, maison de prière.

Les guérisons que Jésus opère alors montrent ce qu'est la juste louange. Elles rappellent les grands oracles messianiques, en particulier ceux d'Isaïe. S'opère un discret lien thématique avec le début du récit et la citation, messianique elle aussi, de Za 9,9, de même qu'avec l'acclamation des foules à « celui qui vient », tirée du psaume 118 (117), aux accents également messianiques, nous l'avons vu. C'est peut-être la suite de Jr 7 (et 26) qui inspire la fin abrupte du récit au v. 17, évoquant la fin du temple et peut-être de la ville (*cf.* Mt 23,38).

Ce sont ainsi quelques textes majeurs qui construisent la trame du récit, dans la mesure où leur programme narratif — c'est-à-dire ce qu'ils déploient — est très proche de celui de Matthieu. La combinaison de ces textes renforce la structure de son récit, permettant de lire en surimpression à la fois les récits anciens et le récit matthéen. Dans un tel processus, il est inutile à Matthieu d'établir une preuve explicite de l'accomplissement des Écritures par Jésus, c'est le récit tout entier qui, à mots à peine voilés, dans sa structure même, montre cette « plénitude ».

Ainsi le récit dit-il tout de l'identité de Jésus.

MATTHIEU LE VIRTUOSE

Dans ce projet de Matthieu, les Écritures qu'il cite ou qu'il appelle de quelques allusions à la fois discrètes et solides entrent en polyphonie, nous venons de voir comment. Chaque aspect de l'écriture (intronisation royale, venue du roi humble, venue du Seigneur lui-même en son temple pour le jugement eschatologique, fin du temple et ouverture d'un « culte » nouveau, non plus basé sur les sacrifices mais sur la louange) trouve une ouverture ou un surcroît, une « plénitude » de signification. Celle-ci s'opère, dans le récit de Matthieu, dans le tissage de cette polyphonie aux accents de Sukkôt, la fête de la royauté de Dieu, que Zacharie décrit comme la fête eschatologique (Za 14).

La discrétion même des allusions montre tout le travail qui est attendu du lecteur. Le narrateur en appelle à sa connivence culturelle. Il y a bien, en ce sens, contrat ou « pacte de lecture »[1]. Le récit, à ce niveau, peut ne pas être ouvert à tous et perdre ainsi de sa saveur ou de son sens,

1. *Cf.* J. Zumstein, « L'Évangile Johannique : une stratégie du croire », art. cité.

il exige le travail de lecture. Si l'on y parvient, la force du message est immense. Dans la citation d'accomplissement, Matthieu a implicitement appelé à lire comme lui. Mais cela relève de la liberté de chacun. La lecture est toujours un acte libre.

Matthieu opère ainsi sa mise en récit avec un art consommé de l'écriture, y conjuguant et tissant magistralement entre elles, en scribe très avisé (Mt 13,52), les Écritures. Son regard embrasse les textes, les rassemble. Et de même que la partition éclate en polyphonie quand la touche le regard du musicien, de même en est-il des Écritures anciennes dans la lecture de Matthieu quand il les laisse affluer et converger en son récit pour dire le mystère de Jésus, le Christ de sa foi. Sous sa plume, elles deviennent polyphonie et libèrent leur chant. Il est « chant nouveau », « bonne nouvelle »[1]. Ce chant est évangile, pour avoir rencontré la personne du prophète de Galilée, Jésus le Nazaréen, que l'on appelle Christ (Mt 1,16). Tout l'Évangile de Matthieu l'énonce et l'annonce.

1. *Cf.* P. Beauchamp, *Psaumes nuit et jour*, Paris, Seuil, 1980, en particulier p. 99-105.

ÉCLAT FINAL

UN RÉCIT « NODAL »

Le récit de l'entrée de Jésus à Jérusalem et dans le temple (Mt 21) est un texte central dans l'ensemble du récit matthéen. Luther en parlait comme d'un *Hauptstück des Evangeliums*, une pièce maîtresse, une véritable clé de voûte[1]. Tout l'Évangile de Matthieu, dès les premières pages, tend en effet vers Jérusalem comme vers son point d'accomplissement, mais cette rencontre était d'emblée annoncée et pressentie comme conflictuelle (Mt 2). Elle l'est au plus haut point, de sorte que, quittant le temple au v. 17, Jésus le laisse vide, et même désormais peut-être caduc. Jésus devra payer ce blasphème au prix fort, lorsque la voix de ses adversaires pourra s'élever assez

1. Cité par J. Gnilka, *Das Matthäusevangelium*, tome 2 : *Kommentar zu Kap. 14, 1-28, 20 und Einleitungsfragen,* Herders Theologischer Kommentar zum Neuen Testament, Fribourg, Bâle, Vienne, Herder, 1988, p. 205.

haut pour emporter celle des foules et entraîner sa mort au Golgotha. C'est cependant la voix de Dieu qui prévaudra, lorsque le tombeau lui-même sera vide et Jésus ressuscité. La Galilée sera alors pour toujours le lieu ouvert aux nations, comme Matthieu l'avait compris et annoncé dès ses premiers chapitres, citant des Écritures anciennes qui, dans la présence de Jésus, trouvaient nouveauté et plénitude (Is 8,23-9,1 ; Mt 4,15-16).

LAISSER RÉSONNER LES ÉCRITURES POUR MIEUX LIRE ! MÉTHODE

Nous avons lu le texte de plusieurs façons. D'abord de façon très simple, en comparant le récit de Matthieu à ceux des autres Évangiles pour mieux percevoir son originalité. Une lecture méthodique menait à une compréhension déjà profonde, celle que tous peuvent atteindre dans un acte de lecture un peu attentif. Mais en raison de l'importance des références — exprimées ou implicites — à l'Écriture, nous avons poursuivi la lecture de façon à y entendre ce que Matthieu met en œuvre dans son récit comme une véritable polyphonie des Écritures. Peu à peu, le texte de Matthieu semblait se déployer, ouvrant à une richesse de signification insoupçonnée.

Dans cet espace de résonance, le récit dit beaucoup plus qu'il n'y paraît : l'entrée de Jésus à Jérusalem est celle du fils de David, dans laquelle ciel et terre se répondent pour acclamer le messie. Mais Jésus est beaucoup plus qu'un messie. L'entrée de Jésus à Jérusalem est celle du Seigneur dans son temple. Le mont des Oliviers en tremble, prêt à se fendre pour la révélation ultime, à dimension eschatologique, du Seigneur. C'est lui, en effet, qui entre dans son temple. Aveugles et boiteux peuvent le suivre. Car c'est le lieu de Dieu, où est appelée à se poursuivre l'œuvre de louange et de création, le sabbat de Dieu. À moins que c'en soit fini du temple. Lorsque Jésus en sort, il est seul. C'est vers lui qu'a convergé la marche des petits, des boiteux et des pauvres. Désormais, il est, lui et lui seul, présence totale de Dieu. Les hommes dans leurs jugements pourront tenter d'anéantir cette révélation. Elle est désormais pleinement instaurée.

Les événements de la Passion sembleront la réduire à néant. L'annonce de la résurrection l'attestera. Et les derniers versets de l'Évangile de Matthieu ouvrent les temps nouveaux à l'infini, « jusqu'à la fin du monde », confirmant les évangiles de l'enfance, écrits de la même manière. Ils laissent, eux aussi, résonner comme une troisième dimension la polyphonie des Écritures, qui ouvre infiniment le sens.

Le mot « texte » renvoie à la texture et au tissage. Nous en avons découvert peu à peu la trame et la façon dont se croisaient les fils pour la consolider et l'animer. Mais Matthieu donnait à entendre magistralement dès le début de son récit la voix du prophète, à laquelle se conjuguaient peu à peu d'autres voix — celle des disciples, des foules, de la ville, de Jésus lui-même, des enfants dans le temple. L'image de la polyphonie s'imposait peu à peu, susceptible de rendre compte du mouvement du récit dans ce qu'il donne à entendre. La moisson ici est étonnamment riche. C'est la concordance des voix, leur rencontre, leur dialogue, qui peu à peu consolidaient en effet la compréhension que nous pouvions avoir du récit, au point de confirmer des hypothèses de lecture qui, privées de cette preuve, seraient demeurées en définitive fragiles.

C'est ainsi une démonstration de méthode que nous avons voulu mener, modestement mais aussi solidement que possible. Ce que nous avons pu observer dans l'étude de ce texte nous renseigne peut-être sur l'écriture de Matthieu, scribe avisé (Mt 13,52). À ce titre, le récit de l'entrée de Jésus à Jérusalem et dans le temple (Mt 21,1-17) pourrait s'offrir comme une clé de lecture pour l'ensemble de l'Évangile de Matthieu.

La lecture que nous avons menée éclaire singulièrement aussi la notion d'accomplissement des Écritures. Sa diversité et sa richesse d'expression en ces quelques versets montrent qu'elle ne peut être circonscrite aux quelques moments de l'Évangile où elle est clairement affirmée. C'est la trame tout entière du récit de Matthieu qui l'expose et la met en œuvre.

Paul Ricœur décrivait cet instant où s'anime l'ensemble des textes lorsqu'on les a travaillés : « Quand on a mené avec le texte les batailles que je viens de dire, écrit-il, et que, oubliant toutes les techniques de l'exégèse, l'on fait une dernière lecture, n'accède-t-on pas parfois à ce moment précieux où il est permis de dire que le texte nous parle, que quelque chose ou quelqu'un s'adresse à nous ? [...] En ce moment rare de la lecture heureuse, il devient légitime de dire que lire, ce n'est pas voir, mais écouter. »[1] Peut-être est-ce le point auquel nous sommes parvenus.

LE MESSIE, L'ÂNESSE ET L'ÂNON[2]

La couverture de ce livre fait entendre un autre chant, en fixant un cadre et en déployant ses couleurs et le jeu de ses personnages. Enluminures, icônes et tableaux représentant l'entrée de Jésus à Jérusalem ne manquent pas. La présence à la fois de l'ânesse et de l'ânon, nous l'avons noté, permet de distinguer au premier coup d'oeil celles inspirées du récit de Matthieu, moins nombreuses. Celle

---

1. « Éloge de la lecture et de l'écriture », *Études théologiques et religieuses* 64, 1989, p. 395-405.

2. Je remercie Isabelle Saint-Martin de sa relecture attentive de l'ensemble de ce livre et de ses précieuses remarques, en particulier pour ce paragraphe.

choisie ici est un des éléments du cycle de fresques de la *Storie del Nuovo Testamento* peint entre 1338 et 1340 par Lippo Memmi à la collégiale de San Gimignano, à peine plus tard que Giotto à Padoue (1304-1306) ou Pietro Lorenzetti (vers 1310), qui nous ont également livré de magnifiques peintures de cette scène.

L'ânesse accompagne Jésus, elle le porte. L'ânon est à ses côtés et comme doucement dans son ombre. Dans leur forme tout entière tendue vers l'avant et par la délicatesse d'un trait sans cassure de la part de l'artiste, tous deux semblent précéder Jésus et lui indiquer le chemin. La douceur et la détermination des deux animaux font d'eux une discrète réplique du prince de la paix qu'ils accompagnent. Jésus est assis sur l'ânesse de façon hiératique, et de la main il bénit. Dans ce geste transparaît également son autorité. Il est Seigneur.

La double monture est particulièrement touchante chez Fra Angelico (Armoire aux ex voto d'argent, vers 1450). Les deux animaux sont frêles et menus, et l'ânon si petit, presque tout entier sous sa mère, mais situé en arrière-plan ! Ainsi se trouve évoquée en filigrane, à travers la fragilité, la Passion dans laquelle leur Seigneur sera brisé.

Dans l'ensemble des représentations, les visages de ceux qui entourent Jésus sont graves. Cela apparait clairement chez Lippo Memmi. Leur marche est également solennelle. Leur nombre et leur auréole laissent entrevoir déjà l'assemblée des saints et le peuple de l'Apocalypse, mais il s'agit clairement des apôtres, la présence de Pierre, reconnaissable à ses clés, le signifie particulièrement. Séparé du groupe des apôtres, il est aux côtés de Jésus et tourné vers lui. C'est bien l'Église en marche qui accompagne son Seigneur sur le chemin de Pâques et chante le « hosanna » à la portée à la fois messianique et eschatologique que nous avons pu découvrir et lire dans le texte de Matthieu. Nous sommes dans la postérité du texte[1].

LES RAMEAUX À L'INFINI

Avouerai-je qu'au fil de l'écriture de ces pages, je revoyais longuement en pensée une procession des Rameaux vécue à Jérusalem il y a longtemps, de Bethphagé au cœur de la ville. Ce jour ouvre la semaine sainte et les jours de la Passion, dont la tradition orientale parle plus volontiers, depuis toujours, comme de la « grande semaine ».

Le *Journal de voyage* de la pèlerine Éthérie ou Égérie, donne la première description du jour des Rameaux à

1. Évoquée aussi dans des hymnes anciennes acclamant le Christ en ces mots : « Toi, assis sur un ânon, tu préfigures la conversion des gentils, indomptables par leur refus de la foi » (*Cf.* Gaetano Passarelli, « La fête des enfants : regards sur la fête et sur l'iconographie de l'entrée de Jésus à Jérusalem, *Communio* XXXIV, 1, 2009, p. 80).

Jérusalem (vers 381-384)[1]. Elle y raconte sa découverte étonnée d'une longue journée, qui s'ouvre au Martyrium, la grande église édifiée au-dessus du Golgotha. Les premières cérémonies ont lieu très tôt, raconte-t-elle, « depuis le chant du coq, jusqu'au lever du jour ». L'archidiacre congédie alors l'assistance, qu'il convoque pour la suite des célébrations : « Aujourd'hui, à la septième heure [soit environ 13 heures], nous serons tous présents à l'Éléona », c'est-à-dire à la basilique située sur le mont des Oliviers, « où se trouve la grotte dans laquelle le Seigneur enseignait ». Chacun se hâte alors d'aller prendre chez lui son repas, de façon à être présent au rendez-vous.

À l'Éléona, l'évêque prend place et l'on récite les hymnes et antiennes, et l'on écoute les lectures de la fête. À la neuvième heure, c'est-à-dire vers 15 heures, tous rejoignent l'Imbomon, « là d'où le Seigneur est monté au ciel »[2], où sont récités hymnes, antiennes et prières de la fête, accompagnés de lectures. À la onzième heure, on lit « le passage de l'Évangile dans lequel les enfants vont à la rencontre du Seigneur avec des rameaux et des branches

1. Éthérie, *Journal de voyage*, texte latin, introduction et traduction d'Hélène Pétré, Sources chrétiennes 21, Paris, 1948 (ici chap. 24, 30-31). L'ensemble des éléments rassemblés ici sont développés dans Gaetano Passarelli, art. cité, p. 71-84.

2. Au sommet du mont des Oliviers, qu'Éthérie appelle *Imbomon* (déformation de l'expression grecque *en bouno*, c'est-à-dire « au sommet »), on vénérait le lieu commémorant l'ascension du Seigneur.

de palmier en disant : “Béni soit celui qui vient au nom du Seigneur.” »

Tous prennent alors le chemin de l’Anastasis[1] en une procession qui fait une large place aux enfants. Les uns courent, tandis que les autres « sont portés à califourchon par les parents ». La foule accompagne ainsi l’évêque « de la même façon qu’en ce jour elle avait accompagné le Seigneur ». Éthérie précise : « Depuis le sommet du mont jusqu’à la ville, et en la traversant tout entière, tous font intégralement le trajet à pied jusqu’à l’Anastasis, même si ce sont des dames ou des personnes de qualité. C’est de cette façon qu’ils escortent l’évêque et répondent aux psaumes. Ainsi, cheminant lentement pour que les participants ne se fatiguent pas, on parvient à l’Anastasis alors que c’est déjà le soir. Arrivés là, malgré l’heure tardive, on célèbre les feux avec encore une prière devant la Croix, puis la foule se disperse. »

C’est ainsi qu’était fêté le jour des Rameaux, dès les premiers siècles, à Jérusalem. Un siècle après Éthérie, on en trouve la mention dans le lectionnaire arménien, puis dans les lectionnaires géorgien et palestinien-syriaque. Chez les Chaldéens et Éthiopiens, on parle du dimanche

1. L’Anastasis (le mot signifie « résurrection ») désigne à cette époque la basilique construite au-dessus du tombeau du Christ. Il était avec le Martyrium (à cette époque la grande église édifiée sur le Golgotha, lieu de la Passion du Christ et de sa mort, d’où le nom de Martyrium) le cœur des célébrations liturgiques à Jérusalem.

« du hosanna », et dans plusieurs textes de la liturgie arménienne, à partir du Xᵉ siècle, on parle également du dimanche « de *l'ologomen* », d'après le premier mot en grec de l'acclamation « Béni soit au nom du Seigneur ».

Éthérie mentionnait la participation des enfants. On la trouve, à une date très ancienne, dans la tradition byzantine. Cyrille de Jérusalem — évêque de cette ville de 350 à 386 — l'évoque aussi dans ses *Catéchèses*[1], mais, chez lui, le terme enfants est peut-être à prendre en un sens plus large pour désigner aussi, outre les jeunes enfants, les jeunes dans la foi. Ainsi les catéchumènes (*infantes*) participaient-ils peut-être à la procession après avoir achevé les rites d'initiation et dans la perspective du baptême célébré lors de la veillée pascale.

La désignation du « jour des Rameaux » a donc varié selon les temps et les lieux. Il est cependant intéressant de voir que sont toujours mis en relief les éléments essentiels que nous avons lus, en particulier dans le texte de Matthieu, seul à mettre en avant les enfants en même temps que les acclamations et le geste des rameaux.

La célébration de cette fête a connu un essor important à Jérusalem pour s'étendre dans l'ensemble des Églises orientales dès le VIᵉ siècle, un siècle plus tard en Occident.

Nous sommes héritiers de cette histoire lorsque nous célébrons aujourd'hui le dimanche des Rameaux. Selon les

1. *Catéchèses* X, 19 (PG 33,685 A).

régions sont utilisés le buis ou le saule, l'olivier, le palmier, voire dans certains pays le sapin. Ils sont verdoyants, signe de vie. Bénis durant la cérémonie, ils sont rapportés à la maison et attachés aux crucifix. Beaucoup les rapporteront le mercredi des Cendres suivant, pour être brûlés. C'est de ces cendres, qui relient ainsi l'ensemble du cycle liturgique, que l'on sera marqué à l'entrée du Carême, au moment de suivre et accompagner le Christ au désert, puis dans sa Pâque.

Si la procession des Rameaux peut sembler parfois insolite, car elle s'accompagne de gestes inhabituels, elle représente une affirmation forte de la foi, soulignée par les acclamations dont nous avons pu mesurer le caractère messianique et eschatologique. Une assemblée qui célèbre de cette façon l'entrée dans la « grande semaine » s'engage pleinement sur le chemin de son Seigneur à l'heure où il entre en sa Pâque.

En de nombreuses régions, les rameaux sont déposés au cimetière sur les tombes, et certains parlent de la Toussaint de printemps. La sociologie religieuse pourra expliquer peut-être pourquoi en bien des lieux le jour des Rameaux est beaucoup plus fêté que Pâques. Et si les dictons populaires sont nombreux, liés en particulier au vent, car « vent qui souffle sur les Rameaux ne changera pas de sitôt », d'autres reflètent des croyances tenaces et affirment que les morts que l'on oublierait de visiter peuvent tirer les imprudents par le pied. Mais nous sommes loin alors du bouleversement des représentations de la foi et de la compréhension du culte censé plaire au Seigneur, que nous avons lus dans le récit de Matthieu. Loin aussi de la révélation qu'il opère d'un autre visage de Dieu.

LA TRACE D'UN VISAGE[1]

Nous étions quelque peu fasciné en entreprenant cette étude — déjà longuement menée, et à nouveau reprise — par le visage de Jésus donné à rencontrer ici, messie humble monté sur un ânon, guérissant des aveugles et des boiteux et acclamé par des foules anonymes et des enfants. Matthieu montre leur affinité profonde avec le « Seigneur » dont il a été question tout au long de ce livre. Il invite ainsi à laisser résonner à l'infini les béatitudes pour une juste reconnaissance du Seigneur de la foi. Et pour toujours[2].

1. Ce titre s'impose à moi ici. Il est celui d'un livre de Bruno Chenu, à qui humblement ces lignes rendent hommage : *La Trace d'un visage. De la parole au regard*, Paris, Centurion, 1992, rééd. Bayard, 2019.

2. Mt 5,1-12 ; 25,31-46 ; 22,34-40 ; 28,20.

Table des matières

Deuxième partie
La polyphonie des Écritures

Composition et mise en pages
Nord Compo à Villeneuve-d'Ascq

Cet ouvrage est imprimé sur un papier certifié PEFC
qui garantit la gestion durable et responsable des ressources forestières

Achevé d'imprimer en France en janvier 2021
par Normandie Roto Impression s.a.s. 61250 Lonrai
Dépôt légal : janvier 2021 — N° d'impression : 2004596